LES FEMMES.

TOME III.

LES FEMMES,

LEUR CONDITION

ET LEUR INFLUENCE DANS L'ORDRE
SOCIAL

CHEZ DIFFÉRENS PEUPLES ANCIENS ET MODERNES ;

PAR LE VICOMTE J. A. DE SÉGUR.

Les hommes font les lois,
Les femmes font les mœurs.

TOME TROISIÈME.

PARIS.

RAYMOND, Libraire, rue de la Bibliothèque,
N.º 4, près du Louvre.
CHAUMEROT JEUNE, Libraire, Palais-Royal,
Galeries de bois, N.º 188.

1819.

LES FEMMES.

SIÈCLE DE LOUIS XVI.

Moins les événemens politiques ont
d'importance, plus la société, les mœurs et
les usages prennent de valeur, plus on doit
observer la réaction qu'ils produisent sur
les esprits qu'ils amollissent, et sur la conduite des individus dans les grandes crises
qui suivent un long repos. On en eut l'exemple sous le règne de Louis XVI.

Je me vois forcé d'entrer dans quelques
détails historiques des commencemens et
des malheurs de ce règne, parce que les
femmes y ont trop contribué, y ont joué
un rôle trop actif, pour, qu'en parlant d'elles, je ne sois pas conduit naturellement à
en retracer quelques évéuemens. La fin du
règne de Louis XV, le commencement de
celui de Louis XVI ont un aspect à peu près
semblable. Il existe cependant des nuances

III.

que j'essayerai de faire sentir. Mais il faut que le lecteur me permette des détails qui, peut-être, lui paraîtront minutieux, et devoir plus appartenir à des mémoires qu'au genre de cet ouvrage. J'ai dit que déjà sous Louis XV tout parut s'*amoindrir*. Sous Louis XVI les choses allèrent en décroissant.

Les actions, la conduite, les écrits des femmes suivent nécessairement la teinte de leur siècle ; on les vit héroïques dans les temps de chevalerie, mais on n'a presque plus à peindre que des petites maîtresses chez nos modernes (*).

Quand les tableaux se rapetissent, ce sont les modèles qu'il faut en accuser, et non le pinceau qui doit être fidèle.

Les Femmes, leur influence sur les mœurs, sous le règne de Louis XVI.

Dans un état monarchique, le caractère et les goûts du souverain influent toujours sur les mœurs du peuple qu'il gouverne.

—————

(*) Les lettres seules en ont distingué quelques-unes.

En France, le besoin d'imitation est tel,
que, lorsque la cour cessa de dicter les usages et les modes à la capitale qui les rendait
aux provinces, la nation alla les chercher
chez les étrangers. Ce fut vers la fin du règne de Louis XV, et au commencement de
celui de Louis XVI, que l'*anglomanie* s'é-
tablit en France. Le vieux roi ne voulait
plus que le repos, et son jeune successeur
cherchait moins à vivre en roi qui dirige
tout, qu'en chef de famille modeste et simple. Qu'on ne regarde point cette remarque
sur l'anglomanie comme une observation
puérile. Chez les Français principalement
où tout semble fait pour occuper plus les
yeux que la pensée, les formes, les habillemens, les habitudes influent plus qu'autre
part sur les mœurs; et dans un pays où
tout est prestige, l'éclat est une source du
respect, et l'étiquette, la sauvegarde de la
puissance.

Eclat, prestige, étiquette, tout se détruisit sous Louis XVI. Il en résulta des maux
incalculables. Les femmes y concoururent.
Par une contradiction frappante, le roi le

moins galant leur livra la France : c'est ce
que je vais essayer de développer.

Effet des mœurs sur les événemens politi-
ques et l'altération du pouvoir.

J'ai présenté le sort des femmes pendant
le règne de Louis XV sous un jour défavo-
rable. Je crois avoir montré qu'on avait
cherché à avilir ce sexe, par système. Un
roi, aussi aimable que François I.er, eût eu
lui-même de la peine à faire revivre la galanterie, et Louis XVI était le monarque
le moins propre à cette tentative, par ses
goûts et par la simplicité de ses formes.
Brusque et franc par nature, respectant les
femmes, et n'en aimant qu'une, il s'occupait peu de leur plaire. S'il eût régné dans
un siècle moins corrompu, Louis XVI aurait servi d'exemple ; il eût encouragé les
bonnes mœurs. Nos bons aïeux l'auraient
apprécié, admiré, sans doute imité. Mais,
arrivé sur le trône au moment d'une dissolution générale, il ne pouvait pas plus ramener les vertus par sa morale personnelle, que faire renaître la galanterie par son

goût et son extérieur qui semblaient l'en éloigner.

Révolté des tableaux qu'il voyait, son mécontentement devint une sorte de misantropie. Il essaya et désespéra promptement de ramener les mœurs qu'il chérissait, et la dignité du trône qu'il regrettait secrètement. Fatigué d'une lutte inutile, il souffrit que l'étiquette, pour laquelle il avait manifesté son goût dans les premiers jours de son règne, s'altérât. Le mépris qu'on en fit accrédita les usages familiers que l'on mettait à la mode. Les femmes même le soutinrent, sans se douter du tort qu'elles se faisaient. Les choses en vinrent au point que les courtisans, presque honteux des décorations qu'ils avaient obtenues et tant désirées, daignèrent à peine les porter. Ils affectaient même d'en diminuer l'apparence. Les plus grands seigneurs s'habillèrent comme leurs valets : au spectacle, dans les lieux d'assemblée, on ne parut plus qu'en bottes, en frac; le peu de formes dans les manières suivit l'indécence de l'habillement; en cessant de respecter le public, on oublia toutes nuances en société. Déjà l'on saluait une femme avec légèreté, les hommes se tutoyaient devant elle : à peine lui laissait-on le pas. Sous Louis XV, on était aussi corrompu, mais au moins avait-on quelque idée de déférence pour l'âge et le sexe. Sous Louis XVI, on fut aussi vicieux, et il ne resta qu'à peine le souvenir de la politesse. Cet état de choses était un des plus contraires à l'existence des femmes. Quelques-unes d'elles, à la ville, à la cour, voulurent, par leur âge, leur considération, opposer une digue à cette révolution dans les mœurs.... On les laissa parler. Les jeunes, plus par instinct que par une véritable élévation, sentirent qu'en effet leur rôle dans la société devenait peu flatteur ; mais la mode les entraînait, et telle est quelquefois la décadence des mœurs, que l'on aime mieux être dégradé que ridicule.

La reine montant sur le trône avec de l'esprit, de la beauté, le désir de plaire aux Français, et cet instinct de grâces qu'elle ne déploya qu'après s'être façonnée à l'élégance française, eut le grand mérite, par

un tact naturel, par respect pour le roi,
pour le trône qu'elle partageait, de ne point
suivre ces nouvelles modes. Souvent même
elle les tournait en ridicule. Elle sentit bientôt le tort de ces formes peu décentes qui
s'établissaient dans la société. Elève d'une
mère aussi distinguée par son esprit, que
par son caractère et ses vertus, comme femme, son amour-propre fut blessé; comme
reine, sa dignité souffrait. D'ailleurs, habituée dès son enfance à entendre parler de
la magnificence de Louis, de la splendeur
de la France, de la galanterie de ce peuple
aimable, si plein d'égards pour les femmes,
elle ne retrouvait rien qu'elle pût appliquer
à ces brillans récits, et qui lui donnât la
moindre idée du tableau flatteur que son
imagination avait encore embelli. Elle vit
pourtant bien qu'on ne l'avait pas trompée;
mais que le bon goût, le bon ton se détruisaient chaque jour. Elle fit quelques efforts
pour ramener cette urbanité dont les souvenirs même lui plaisaient. Des fêtes, dont
elle faisait le principal ornement, jetèrent
un instant d'éclat sur la cour; mais le re-

tour aux formes anciennes , à l'étiquette ,
ne dura que peu de temps. Les fêtes cessè-
rent , la reine ne se montra presque plus.
S'étant concentrée dans une société très-res-
treinte de gens trop imprévoyans, qui l'aimè-
rent plus comme une particulière , que comme une reine , ses amis lui laissèrent oublier
sa grandeur , pour le charme d'une vie mo-
notone et tranquille.

C'est , peut-être , le seul tort que l'on
puisse reprocher à cette société qu'on a trop
calomniée. Elle a eu long-temps un grand
pouvoir, a fait du bien à beaucoup de gens,
et n'a fait de mal à personne.

La reine suivit donc la pente qui la portait à vivre avec simplicité. Elle y joignit le
tort de paraître quelquefois en public à Paris , moitié incognito , moitié comme souveraine. Le public hésitait à l'applaudir , et
s'accoutumait à cette incertitude. Bientôt
on attribua malignement à l'indifférence du
peuple ce qui ne fut long-temps que l'embarras de reconnaître la reine. Elle oubliait
que si le Français aimait ses rois , il aimait
aussi le faste qui doit les entourer , et que

par un sentiment naturel, il semble que
l'objet à qui l'on rend hommage n'a jamais
un cadre assez brillant.

De son côté, le roi, qui n'était sorti de ses
goûts que pour plaire à la reine, revint à
ses modestes habitudes. Il donnait à l'étude,
à la lecture , tous les momens qu'il ne con-
sacrait pas à sa famille , ou aux conseils.
Son seul divertissement était la chasse, à laquelle il n'admettait plus que cinq ou six
courtisans , diminuant même la magnificence
de ces plaisirs qui , sous ses prédécesseurs ,
avaient eu tant d'éclat. Tout paraissait tendre au dépouillement du trône. M. de Saint-
Germain détruisit la maison du roi , et acheva
par là d'enlever à la cour une pompe nécessaire. Ce changement , sans attaquer encore
la puissance , en faisait disparaître les mar-
ques. Versailles devint une vaste solitude ;
excepté le dimanche matin , on n'y voyait
personne. Ce jour même, dès l'après-dîner,
tout fuyait vers Paris. Si les courtisans
abandonnaient le palais , le roi en sortait
au même instant pour faire des promenades
solitaires ; la reine , pour aller à Trianon.

Les uns semblaient fatigués d'offrir des hommages, les autres d'en recevoir. On cherchait dans ce beau palais, et les souverains, et leurs traces et leur cour. Tout était éclipsé. Le présent semblait nous annoncer l'avenir.

Quelquefois, dans ce joli pavillon de Trianon, le roi se réunissait à la reine et à sa société. Il y passait des journées heureuses et calmes, donnant plus l'idée d'un riche particulier dans sa terre, que du descendant des Bourbons au milieu des miracles que Louis XIV avait créés.

Crédit des Femmes à la cour.

Comme la reine exerçait un grand empire sur l'esprit du roi, et que la comtesse de Pol..... avait beaucoup d'ascendant sur celui de la reine, on pouvait dire en quelque sorte que les femmes régnaient ; mais c'était sans éclat. Ce pouvoir n'avait ni le brillant d'une faveur éclatante, ni le caractère imposant d'une autorité partagée. Ce n'était qu'un crédit soutenu qui, dû plutôt à l'attrait et à la faiblesse, que forcé par de grandes qualités ou de grandes intrigues, ne donnait ni poids dans le présent, ni célébrité pour l'avenir.

M. de Calonne parut sur la scène politique ; homme d'esprit , aimable, ayant ce qu'il fallait pour être porté à la faveur par les femmes , mais manquant essentiellement de la suite et du caractère nécessaires pour se soutenir contre leur inconstance et celle de la cour. Doué d'une imagination féconde, et voulant appliquer de grands remèdes à de grands maux , la rapidité de ses conceptions ne lui laissait pas le temps d'apercevoir les obstacles ; ses idées n'étant pas assez développées , les difficultés de l'exécution donnèrent beaucoup de prise à ses ennemis.

La première pensée de l'impôt sur le timbre et de l'impôt territorial sauvait l'état ; la seconde pensée des notables l'ébranla ; le renvoi de ce ministre l'a perdu.

La reine, d'après son caractère et l'éducation qu'elle avait reçue , était naturellement frappée de tout ce qui portait un caractère de grandeur. Elle fut d'abord éblouie de ce que ce projet des notables avait de

brillant et de noble pour le roi ; bientôt
les inconvéniens l'inquiétèrent ; l'intrigue
du cardinal de Loménie, aussi porté par les
femmes, l'entoura. Ce fut un spectacle curieux que la lutte de ces deux rivaux, sou-
tenus l'un et l'autre par une armée de femmes qui combattaient pour eux. Le cardinal,
plus astucieux, moins occupé de ses plaisirs, ourdit sa trame avec plus d'adresse ; il
l'emporta. On séduisit la reine, et bientôt
cette princesse ne regardant plus M. de Calonne que comme un homme d'esprit, dangereux par sa légèreté, loin de l'appuyer
auprès du roi, hâta sa perte en l'abandonnant (*). Certes, elle fut trompée d'une manière cruelle ; mais si sa conduite fut répréhensible, son but ne l'était pas. Elle
cherchait la gloire du roi et des remèdes
certains contre les dangers qui menaçaient
la France. En vain avait - elle de l'esprit
naturel, et plus de tact qu'on ne lui en accorda sur les choses importantes : il était

---

(*) Il avait prédit souvent au roi lui-même, qu'il
aurait de la peine à le soutenir contre ses ennemis.

facile , avec la finesse du cardinal , de présenter à cette princesse les plans de M. de
Calonne comme funestes ; et ceux qu'on pro-
posait d'y substituer , comme plus conformes
à la fermeté qu'il fallait déployer contre des
partis déjà trop agités.

Ce ne fut donc point l'esprit d'intrigue
qui égara la reine en ce moment. À quoi
pouvait-il lui servir ? Son crédit sur l'esprit
du roi était établi d'une manière irrévoca-
ble. Que M. de Calonne, ou le cardinal
eussent été écoutés , elle n'en aurait pas eu
moins d'influence. On ne pouvait pas la regarder comme une favorite régnant momentanément à l'ombre du crédit d'un ministre qu'elle mettait en place. Non , elle
se trompa ; et malheureusement tout était
fait pour la tromper. Je l'ai dit : ce que les
plans de M. de Calonne avaient de brillant
devait plaire à la reine ; mais tout-à-coup
les novateurs s'étant emparés de l'occasion ,
que cette première démarche leur donnait
d'énoncer avec plus d'audace leurs idées
destructives de la puissance , la reine a dû
s'effrayer d'un tableau que les ennemis de

M. de Calonne exagéraient encore à ses yeux. Elle a dû, par sa dignité naturelle, par le remords d'avoir soutenu ce projet qui pouvait avoir des suites alarmantes, non seulement y renoncer, mais se jeter avec ardeur vers les idées de force répressive, que le cardinal présentait, sans avoir ni les moyens, ni les talens de les employer. C'est ce qu'il prouva, en hâtant, par l'imprudence de ses opérations, l'explosion du 14 juillet 1789.

Ce fut donc, en quelque sorte, à l'influence des femmes que l'on dut la révolution.

Conduite des Femmes aux approches de la révolution.

Si la cour, par sa conduite et sa faiblesse, avait dès long-temps causé ses malheurs, la société préparait à Paris, sans le savoir, toutes les routes aux nouvelles idées.

Jamais les femmes ne firent jouer plus de ressorts qu'à cette époque, lorsque l'importance des événemens aurait dû les condamner au repos et au silence. Trois hommes furent mis long-temps en concurrence dans le cabinet, dans les projets et les coteries des salons. Ces trois rivaux étaient M. Necker, M. de Calonne, et M. le cardinal de Loménie. A la vérité M. de Calonne était alors disgracié, le cardinal régnait, et l'on préparait la puissance de M. Necker. Cette position éloignait tout choc et tout combat ; mais comme les armées principales de ces ministres étaient composées en grande partie de femmes, il n'y avait ni tranquillité pour le vainqueur, ni résignation pour le vaincu, ni stagnation pour celui qui n'avait que des espérances.

Les femmes ne se découragent point dans l'adversité, ne se calment point dans les succès, et ne savent point espérer en silence (*).

On remarquait donc trois partis de femmes bien prononcés, qui, plus ou moins vivement, se faisaient une guerre continuelle, tantôt sourde, tantôt plus éclatante, le tout selon les circonstances.

______

(*) Aussi n'y a-t-il jamais de calme pour leurs créatures. Celui qui se sert de leur crédit s'engage à dépendre d'elles.

Un quatrième parti, plus dangereux encore, était celui des femmes attachées purement aux novateurs. Sans avoir de héros à mettre en avant, elles voulaient, à quelque prix que ce fût, le renversement de ce qui existait, ayant pour but le désordre ; pour fanal, de fausses lumières, et pour guides, des gens qui, n'ayant rien à perdre en réputation et en fortune, les avaient mises à leur niveau. Elles devinrent les moyens les plus rapides de la propagation révolutionnaire.

Influence des Femmes sur l'opinion.

Un écrivain a dit assez durement : «Adres-
» sez-vous aux femmes pour répandre
» des idées nouvelles ; elles reçoivent aisé-
» ment les opinions, car elles sont igno-
» rantes ; elles les répandent facilement,
» car elles sont légères ; elles les soutiennent
» long-temps, car elles sont têtues. »

On doit remarquer, en effet, qu'en France (*) surtout, elles exercent une in-

____

(*) En Angleterre même, la duchesse de Dev.... avait, il y a quelques années, une existence politique.

fluence assez habituelle sur nos opinions.

Arbitres de la mode et de toutes les nou-
veautés frivoles ou importantes , maîtresses
de l'opinion des salons où elles règnent , où
l'on veut leur plaire , elles doivent d'autant
plus influer sur notre conduite, qu'un Français est homme du monde avant tout ; qu'il
vit plus dans la société que dans son cabinet ;
que dans les salons on décide de sa réputation, de ses succès ; que l'amour et le plaisir l'y appelant sans cesse, il doit être esclave des brillantes souveraines qui y dictent
des lois. Non seulement la foule commune
des hommes ressent cette domination ; mais
de tous temps, presque tous les gens en place,
ont eu de la peine à s'y soustraire.

Conduite des Femmes au commencement de la révolution.

Les femmes suivirent dans la révolution,
l'impulsion de leur caractère. Incapables de
rien prévoir , leur esprit et leur légèreté
se jouaient des événemens les plus graves.
Pendant que les unes aidaient à exciter les

orages politiques , les autres riaient des symptômes d'anarchie les plus alarmans. Leur gaîté dangereuse , leurs propos inconsidérés, firent un mal incalculable. Montrant plus d'amour-propre et de vanité que de véritable élévation ; n'écoutant que la passion du moment , sans consulter les dangers de l'avenir; profitant de leur empire sur l'opinion, elles excitèrent les hommes sur lesquels elles avaient du crédit, non à se défendre avec force et dignité, mais à n'opposer aux progrès des novateurs qu'une résistance d'inertie et une guerre de petits écrits , de paroles oiseuses, qui piquaient leurs ennemis, quand il fallait les combattre avec audace , et chercher à les terrasser. Elles eurent encore un plus grand tort; elles engagèrent tous ceux que l'on dépouillait à ne prendre aucune des places nouvelles, qu'elles tournèrent en ridicule. Tous les emplois furent occupés par leurs adversaires , et le mal fut sans remède.

Mais , si la conduite des femmes fut répréhensible au commencement de nos guerres intestines , combien elle fut bril-

lante quand nos dangers devinrent pressans !
Jamais elles ne parurent dans un jour plus
favorable, plus fait pour illustrer ce sexe
qui, du sein des plaisirs, du calme et de
l'espèce de décadence où il était tombé,
s'éleva soudain à la hauteur des circonstances, sans rien perdre de sa sensibilité,
déploya un courage et une énergie, que
l'histoire doit recommander à la postérité.

Réflexion sur le courage des Femmes.

Essayons de retrouver dans le caractère
des femmes les sources et les causes réelles
de ce courage si peu compatible en apparence
avec leur faiblesse, leur éducation et la timidité qui leur est propre.

J'ai dit que leurs qualités étaient souvent
en repos, et leurs agrémens presque toujours
en action. La raison en est simple. Le désir
de plaire est inné en elles, tandis que le
besoin d'estime ne paraît être dans leur ame
qu'un fruit de l'éducation ; mais il existe de
plus, dans ce sexe, un sentiment secret de
grandeur d'ame qui, sans donner habituelle-

ment des symptômes de sa présence, semble être une flamme précieuse et toujours entretenue jusqu'au moment d'une explosion subite et imposante. Aussi plusieurs femmes qui paraissent légères, insouciantes, portent en elles, comme d'autres, et sans le savoir, ce foyer ardent qu'une grande occasion allume. Dès-lors un sentiment inconnu les enlève à des volontés frivoles, et les attache à leurs devoirs trop négligés dans des temps paisibles (*) ; mais il faut, pour ce changement, que leurs malheurs soient à leur

---

(*) J'allais solliciter tous les jours la liberté de quelqu'un chez le ministre. Je fus frappé de la suite avec laquelle une jeune femme y venait pour le même objet. « Mon Dieu, lui dis-je, madame, vous » devez être bien lasse de vous lever de si bonne » heure tous les jours, et dans une saison si rigou- » reuse ? — Je demande depuis un mois, me répon- » dit-elle, la liberté de mon mari. Je suis constam- » ment ici à huit heures du matin ; pour que ma » toilette soit faite, il faut que je me lève à sept, et » vous jugez combien cela est fatigant ; car je ne peux » pas manquer un bal, et je rentre chez moi à cinq » heures, après avoir dansé toute la nuit. »

dernier période, que les périls de ce qu'elles aiment soient extrêmes, pressans ; car, toujours fortement émues par le présent, elles semblent se jouer de l'avenir.

Voilà, je crois, la véritable raison de leur conduite sublime dans la révolution. Ce changement subit, qui se fait en elles au milieu des périls, n'est jamais le fruit de la réflexion ; c'est toujours l'effet du sentiment. L'affreuse subversion dont nous avons été témoins, ayant atteint tous les sentimens de mère, d'épouse, de fille, de sœur, d'amie, une femme a pu ressentir à la fois toutes les flammes, qui jusque-là ne brûlaient que tour-à-tour dans son cœur, et que la même étincelle vint alors allumer au même moment. Que l'on essaie de se peindre à quels mouvemens ce volcan intérieur a pu porter des êtres naturellement irritables, et l'on retrouvera les causes des exemples de courage, que les femmes nous ont donnés dans toutes nos convulsions révolutionnaires.

Sur quelque classe que l'on jette les yeux, on ne voit chez les femmes, aux momens les plus cruels de la révolution, que sensibilité , présence d'esprit , humanité, courage d'action , lorsque les hommes n'ont presque tous montré que celui de la résignation. Remarquons encore , à la gloire des femmes , que, lorsqu'il s'agissait de sauver quelqu'un , elles oubliaient leurs opinions , leurs passions les plus ardentes. Sorties de leur sexe par l'exagération des hommes qui les guidaient , pour peu qu'elles eussent reçu d'éducation , on était presque sûr de les ramener, de les toucher, en leur proposant un trait d'humanité.

CONDUITE DES FEMMES

au commencement de la révolution.

Le plus beau pays de la terre par son site, le plus brillant par ses ressources , par les productions de l'art et de la nature , le plus calme et le plus attrayant par ses mœurs, se couvre tout-à-coup d'un voile sombre et sinistre : une subversion immense se prépare. Au même instant, tout semble avoir besoin de changer et de forme et de

place par les secousses les plus violentes et
les plus faites pour imprimer la terreur.

Au milieu de ce désordre effrayant, les
femmes, qui la veille encore étaient la parure de la société tranquille, restent immo-
biles d'étonnement encore plus que d'effroi.
Faibles, nées pour la crainte et le repos, la
crainte et le repos ne semblent plus faits
pour elles. La flamme brille, le sang coule,
tout s'anéantit à leurs regards; la peur seule
de ne pas être utiles vient s'emparer de
leurs ames. Des larmes inondent leurs yeux,
mais le sentiment seul les arrache. Où sont-
elles? Est-ce loin des périls, dans des réduits obscurs où leur timidité naturelle devrait les conduire? Non. Quelques-unes se
précipitent au milieu des armes, des feux
et du carnage, pour suspendre au moins
quelques crimes, si elles ne peuvent les empêcher.

Quelles sont ces femmes éperdues qui
courent à pied sur cette route?..... Elles
fuyent!.... Le fardeau qu'elles portent est
leur trésor, leur bien le plus cher. Oui,
elles fuyent; mais ce trésor pour lequel elles

frémissent, ce sont leurs enfans... N'ayant
pu arracher leurs époux aux périls qu'ils af-
frontent, elles courent à la frontière la plus
prochaine, confient un dépôt si précieux à
des mains sûres, et sans donner même le
temps à leur force de se réparer, reviennent
se replonger, avec l'autre partie d'elles-
mêmes, dans les dangers que ceux-ci s'obs-
tinent à courir.

Les prisons se remplissent, les dénoncia-
tions attaquent l'innocence effrayée; à peine
les bureaux des réclamations sont-ils en-
tr'ouverts. Ces êtres qu'on aperçoit au lever
de l'aurore sur le seuil de la porte, ce sont
des femmes. Insensibles à la rigueur de la
saison, elles ont passé la nuit sur ces degrés glacés, dans l'incertain espoir d'offrir
un mémoire simple et touchant à une main
sanguinaire qui le repoussera.

Voyez, sous la longue voûte de cette
prison, une femme exténuée de fatigue, et
courbée sous le fardeau qu'elle porte.....
Faible, délicate, elle ne peut parvenir
jusqu'à son fils, qu'une prison horrible
sépare d'elle..... Elle s'est exercée pendant

un

un mois à porter les fardeaux les plus
lourds ; sous l'habit d'un porte-faix, elle
trouve le moyen de se rapprocher de son
fils. Un jour la dureté des geoliers est telle,
qu'ils chargent sa faiblesse d'un poids énorme.
Elle tombe écrasée sous le faix qui l'accable,
heureuse encore de rendre le dernier soupir
auprès d'un fils qu'elle adorait. Son dernier
regard est pour lui.

Emeutes effrayantes, prisons, échafauds,
massacres, incendies, symptômes horribles
de la terreur, vous nous offrez partout les
femmes occupées à diminuer vos désastres.
Ici, ce sont des larmes qu'elles essuyent ; là,
ce sont des blessures qu'elles cherchent à fermer ;
plus loin, c'est une victime qu'elles exhortent
au courage. Enfin, de toutes parts les
hommes causent tous les malheurs ; de toutes
parts les femmes les réparent et les adoucissent (*).

____

(*) Au moment où j'écris, j'apprends qu'un général nègre, servant sous Toussaint-l'Ouverture, a une femme remplie d'humanité, qui s'expose à tout pour sauver les malheureux prisonniers dans l'affreuse guerre de Saint-Domingue. Son mari, condamnant

III. 2

Et vous, princesses respectables et mal-
heureuses, vous dont le courage parut
égaler l'infortune, quéls exemples admira-
bles de dévouement n'avez-vous pas donnés
dans votre adversité ! Plus en vue que les
autres femmes, sur lesquelles votre rang
vous faisait dominer, déchues tout à coup
de vos grandeurs par des revers inattendus,
vous pouviez être plus faibles ; mais vous
avez voulu disputer avec tout votre sexe de
courage et de sensibilité.

Admirez cette femme, dont le maintien
à la fois imposant et doux annonce toutes
les vertus ! C'est Madame Elisabeth. Ange

---

sans pitié, l'a vingt fois menacée de la faire périr ;
rien ne ralentit son zèle. Elle craint bien moins l'exé-
crable férocité de son époux, que de n'être pas assez
utile aux victimes de la guerre. Ainsi donc, parmi cette
race d'êtres sans éducation, une femme est pénétrée
de commisération pour ceux qu'on lui fait regarder
comme ses ennemis ! L'humanité, la première des
vertus, la plus utile à l'ordre social, s'empare de son
ame ! elle honore sa vie par des traits d'héroïsme, qui
pourraient illustrer celle des hommes les plus éclairés et les plus courageux !

tutélaire et brillant de candeur et d'innocence, placée près du roi, partageant ses
dangers, sa seule présence attendrit et rassure. Des hommes armés violent l'enceinte
du palais ; les portes s'ébranlent, elles se
brisent ; on demande la reine à grands cris ;
c'est la mort qu'on lui prépare. Les assassins égarés prennent Mad. Elisabeth pour
elle ; elle va périr. Ceux qui la défendent
veulent la nommer. *Ne les détrompez pas ,
s'écrie-t-elle !....* Et pour sauver sa sœur elle
s'élance au-devant des périls, dont le ciel
seul la préserva dans ce moment. Touchante
énergie ! mot sublime ! les ames tendres
sont le sanctuaire qui vous conservera pour
l'immortalité.

Vive amitié , sentiment divin , mais qui
souvent n'inspire pas de si grands sacrifices
que les passions plus violentes, vous seule
avez porté Mad. de Lamballe à un dévouement dont le souvenir fait répandre des
larmes.

Je dois à la vérité , je dois à mon respect
pour la mémoire de cette princesse infortunée, d'entrer dans quelques détails sur sa

conduite envers la reine, au milieu des secousses de la révolution (*).

Madame de Lamballe vint en France,
parée de la naïveté de l'enfance, de l'éclat
de la jeunesse, et des douces vertus qui
sont le cortége de cet âge heureux.

Elle fut livrée à un maître plutôt qu'à
un époux, et ce maître était un de ces
hommes faibles que la nullité pousse à la dé-
pravation. L'enseignement et l'exemple des
vertus n'avaient fait germer en lui que l'attrait du vice et le délire des passions. Elle
sut obtenir ses éloges, et le forcer à la considération; mais elle ignora toujours s'il
avait un cœur.

Sa conduite dans cette position également
triste et délicate lui valut les égards cons-
tans de son beau-père (**), de cet homme

(*) Des anecdotes sur la vie de cette princesse ont
été publiées vers l'an X : presque tous les détails qu'on
y rapporte sont faux ou altérés. Il est juste de recti-
fier ces erreurs, et d'empêcher que la masse du public ne prenne une fausse idée des dernières années
de cette princesse, lorsqu'elles sont faites pour hono-
rer sa vie.

(**) M. le duc de Penthièvre.

bienfaisant , dont le nom révéré , même au
milieu de la corruption générale , était devenu le synonyme de toutes les vertus.

Le veuvage prématuré de madame de
Lamballe lui imposa le devoir d'une longue
retraite à l'abbaye Saint-Antoine. L'amitié
en fit le charme ; elle y connut des personnes respectables , dont les intérêts devinrent
les siens , et que le monde n'éloigna jamais
de son souvenir.

Elle reparut à la cour , brillante de fraîcheur , d'élégance et de grâce. La reine ,
souhaitant de l'y fixer, demanda pour elle
la sur-intendance de sa maison , et profita
de la sienne pour y vivre dans une société
privée ; mais les formes anciennes, le choix
des personnes et la dignité des rangs l'y
suivirent toujours.

Ce fut entre la jeune reine et la jeune
princesse l'époque de la plus tendre intimité.

Lorsque cette intimité s'affaiblit en se
partageant, rien n'altéra du moins l'amitié
et la confiance.

Tout justifiait ce dernier sentiment ; une

inviolable discrétion, une respectueuse ignorance de ce qu'on voulait dissimuler, une
scrupuleuse délicatesse dans le petit nombre
des conseils que permettait le rang suprême,
et dans le nombre encore plus petit de ses
sollicitations et de ses demandes. Toutes
ont honoré son discernement, toutes ont
prouvé sa réserve dans l'emploi de son
crédit, et ce ne serait pas un faible hommage à rendre à sa mémoire, que de nommer
ceux qu'elle a distingués pour les servir,
et ceux qu'elle a refusé d'appuyer de ses
moyens.

Beaucoup d'amis et peu de crédit et de
créatures ; beaucoup de qualités sociales
et peu d'éclat ; le goût des arts aimables ;
telle fut la situation de madame de Lamballe
jusqu'à l'époque désastreuse, où de grandes
circonstances révélèrent son grand caractère.
Le sang du prince Eugène ne se démentit
point ; la prudence lui parut une lâcheté ;
l'attachement et la reconnaissance se convertirent en un dévouement héroïque à
l'appel du devoir ; d'immenses et cruels
sacrifices ne lui coûtèrent pas plus que

l'accomplissement journalier des moins pénibles soins.

Instruite à Aix-la-Chapelle de l'abandon
où se trouvait la reine, par l'éloignement
forcé de la plus grande partie de sa maison,
madame de Lamballe accourut se précipiter
volontairement dans le gouffre , que sa
prévoyance avait su d'abord lui faire éviter.
Elle ne calcula rien, et montra plus d'empressement à partager les périls de la reine ,
qu'elle n'en avait jamais eu pour s'associer
à son éclat. Elle parut avec courage près du
roi , dans cette fatale journée du 23 juin ,
où la dignité royale immolée témoignait
d'avance comment le monarque serait immolé lui-même.

Depuis on fit sur elle de longs essais de
la terreur et de l'outrage ; mais on n'obtint
que son mépris , sans parvenir à lui faire
connaître la crainte. Ce courage réfléchi , sans
ostentation, comme sans effort ; cette résignation calme, éclairée, qui voyait les dangers
et les bravait pour être utile , la distinguèrent
sans cesse jusqu'à l'instant fatal où son sort
présenta le plus grand exemple de férocité ,

dont la scélératesse ait effrayé le monde
et souillé nos annales (*).

J'ai parlé de la reine sous les rapports
politiques ; il est temps de la montrer
à l'instant où, dépouillée de toute la pompe
du trône, elle n'était plus qu'une femme
énergique, luttant avec courage contre une
si grande infortune.

Ceux qui ont désiré plus de suite dans
sa conduite, quelquefois plus de grandeur
dans ses décisions, ne se sont pas mis à sa
place.

Son vrai malheur est d'avoir eu des qualités et des défauts entièrement opposés
à ceux du roi. La différence de leur caractère
a dû rendre ses qualités inutiles, et faire
ressortir davantage ses défauts. Femme de
Louis XIV, sa dignité naturelle eût été de la
grandeur ; femme du modeste Louis XVI,
elle ne parut être que de la vanité. Son
crédit, n'ayant porté que sur de petites
choses, diminua sa considération ; et plu-

____

(*) On sait qu'elle périt le 2 septembre aux portes
de sa prison.

sicurs vertus, qu'elle possédait comme souveraine, s'éteignirent dans le rôle de particulière que les circonstances lui offrirent,
qu'elle accepta avec trop de facilité, et dont
la modestie du roi lui fit une sorte de mérite.
Donnant des conseils au monarque avec
franchise, d'après son caractère et ses opinions ; se conduisant ensuite par soumission,
d'après les principes de résignation de
Louis XVI, il dut en résulter cette apparente inconséquence qu'on lui reprocha. Si
elle eût régné seule, ou avec un époux qui
eût partagé la dignité de son caractère,
on l'eût vu s'élever tout à coup du sein de
la vie trop simple, à laquelle elle s'était
réduite, à la hauteur des circonstances, et
disputer sa couronne à ceux qui avaient
décidé de la lui arracher.

Que l'on examine la conduite noble et
touchante de Madame, fille du roi, maintenant madame la duchesse d'Angoulême,
on retrouvera tous les principes de grandeur d'ame que sa mère lui a donnés ; on devinera la source de ce courage qui, dès l'âge
le plus tendre, au fond de sa prison, com-

manda le respect, même à ses persécuteurs.
C'est aux leçons secrètes de la reine qu'elle
dut ces qualités prématurées, qui fournirent
à son esprit tant de mots touchans sur sa
cruelle situation, à son cœur tant de mouvemens de sensibilité profonde pour sa famille infortunée, et pas un mouvement de
haine contre sa patrie qui lui avait coûté
tant de larmes.

Pour juger le caractère de la reine dans
la révolution, il faut choisir les instans où
elle a pu s'isoler ; où, maîtresse d'elle-même, elle a pu développer tous ses moyens.

Ayons le courage de la suivre au tribunal.
Des juges, qui ne méritent pas le nom d'hommes, ont l'atrocité de l'accuser d'avoir corrompu M. le Dauphin ; elle se lève avec une
vertueuse indignation, et s'écrie : *J'en appelle à toutes les mères !...* L'antiquité n'offre
rien de plus beau que cette réponse.

Rappelons-nous aussi ce moment où le
roi veut exiger d'elle de retourner à Vienne,
pour sauver sa tête. C'était un ordre formel ;
tous les moyens étaient prêts, assurés. *Non,*
dit-elle au monarque, *ma place est de vivre*

et de mourir aux pieds de votre majesté.

La reine eut donc, en différentes occasions, tous les genres de courage.

En général, si l'on jette un coup-d'œil impartial sur la conduite des femmes dans la révolution, comment ne pas remarquer que, hors une seule (*), aucune d'elles n'a montré un instant de faiblesse. Chacune portait dans sa fermeté les nuances de son caractère. Sous ce rapport, en comparant les deux sexes, on voit que le courage des hommes est à peu près le même, tandis que celui des femmes se modifie, et prend des teintes entièrement différentes.

Observons la force sublime de la reine et de madame Elisabeth, à leur dernier moment. Toutes deux sont courageuses, toutes deux se placent au dessus de leur infortune; mais quelle différence dans les nuances! l'une a de la fermeté, l'autre de la sérénité; l'une est grande sur la terre; l'autre, avant de s'en être séparée, semble déjà s'élancer au ciel; l'une, au milieu de ceux qui la sa-

____

(*) Madame Dub.....

crifient, les regarde avec fierté sans les craindre ; l'autre les plaint, oublie déjà leurs crimes et ses souffrances ; mais elle n'oublie pas les infortunés que l'on sacrifie avec elle ; elle les exhorte, les soutient, les console ; elle semble changer de rôle, et n'être plus une victime, mais un envoyé céleste qui vient attendre, recueillir et porter vers les demeures éternelles des ames qu'elle protége, et que la sienne épure.

O femmes ! doux présent du ciel ! ô vous qui, dans tous les temps, fûtes pour nous une source intarissable de bonheur et de jouissances pures, que devenait-on, sans vos tendres soins, dans ces momens de désespoir et de deuil ? Que de larmes essuyées, taries par vous ! que de têtes égarées par le délire de la douleur et rendues par vous à la raison ! que de proscrits secourus, sauvés par votre noble dévouement ! que de traits sublimes inspirés par votre énergie ! C'est au sein des périls et de la terreur que le sexe le plus faible a su mériter la palme du courage et de l'humanité.

Détails historiques du dévouement des Femmes dans la révolution.

Parmi les femmes qui ont joué un rôle dans la révolution, une des plus extraordinaires est Charlotte Corday. Originaire de Normandie, née de parens honnêtes, il paraît que le fanatisme politique seul, et non, comme on l'a cru d'abord, une passion particulière, l'a portée à délivrer la terre d'un monstre qui devait périr par le fer des lois, et non sous le poignard d'une main innocente. Le hasard lui donna pour défenseur M. Chauveau-Lagarde. Cet homme éloquent et courageux n'a cessé de paraître à cette barre sanglante, pour essayer d'enlever quelques victimes à des bourreaux *juges*, jusqu'à l'instant où lui-même fut jeté dans ces mêmes cachots, qu'il avait ouverts à plusieurs prisonniers. Personne n'était plus intéressant à consulter sur les effroyables détails du tribunal révolutionnaire. Il a bien voulu me confier l'interrogatoire de Charlotte Corday, que j'imprime aujourd'hui comme un monument curieux de force et de magnanimité.

C'est M. Chauveau-Lagarde qui parle ;
j'écris sous sa dictée.

*Note sur le procès et la condamnation de
Charlotte Corday , au tribunal révolutionnaire.*

Lorsque Charlotte Corday fut amenée au
tribunal , et qu'on l'eut fait asseoir sur le
banc des accusés, le président , après les
premières questions d'usage , lui ayant de-
mandé si elle avait un défenseur , elle répondit qu'elle avait choisi un ami ; mais que n'en
ayant point entendu parler depuis , il n'avait
pas apparemment eu le courage d'accepter
sa défense.

Alors le président m'ayant aperçu dans
la salle, où je me trouvais par hasard pour
d'autres affaires, dit à l'accusée :

« Le tribunal vous nomme d'office , pour
» défenseur , le C. Chauveau-Lagarde. »

Je montai près d'elle à ma place.

Ne me connaissant pas , elle jeta sur moi
quelques regards d'inquiétude , comme si
elle eût craint que je n'entreprisse une justification qu'elle aurait infailliblement désa-
vouée.

Aussitôt les débats commencèrent, et furent terminés en moins d'une demi-heure.

Aucun peintre, du moins à ma connaissance, ne nous a retracé fidèlement la ressemblance de cette femme extraordinaire. On a bien pu rendre sa stature assez forte et pourtant légère, ses longs cheveux négligemment épars sur ses épaules, ses yeux ombragés par de grandes paupières et la forme ovale de son visage; mais il n'eût pas été possible à l'art de peindre sa grande ame, respirant toute entière dans sa physionomie.

Il en est de même des débats de son procès. Il eût été facile de copier, comme je vais le faire, ses réponses littérales ; mais les journaux d'alors ne l'auraient pas osé.

D'ailleurs, il est une chose qu'il eût fallu renoncer à peindre ; et c'est précisement ce qui m'a fait l'impression la plus profonde : je veux dire l'accent de sa voix presqu'enfantine, qui se trouvait toujours en harmonie avec la simplicité de ses dehors, et l'imperturbable sérénité de son visage ; mais qui semblait néanmoins s'accorder si peu avec les pensées et les sentimens qu'elle exprimait.

Il ne faut pas non plus essayer de donner
une juste idée de l'effet qu'elle me parut
produire sur les jurés, les juges et la foule
immense du peuple qui remplissait l'enceinte du palais : ils avaient l'air de la prendre elle-même pour un juge qui les aurait
tous appelés à son tribunal suprême.

En un mot, cette partie morale des débats est à son procès ce que sa physionomie
était à sa figure. C'est une chose qu'on peut
sentir, mais qu'il est impossible d'exprimer.

Je me borne donc à répéter littéralement,
et sans aucune réflexion, les principales
questions qui lui ont été faites, ainsi que
ses réponses ; l'histoire y trouvera peut-être
les premiers traits d'un tableau que je n'ai
ni la force, ni la volonté d'entreprendre.

Après qu'elle eut rendu compte du projet
qu'elle avait conçu, depuis deux mois, de
tuer Marat dans le sein même de l'assemblée : « J'aurais voulu, dit-elle, l'immoler
» sur la cime de la montagne. »

Elle ajouta que si elle eût cru pouvoir
réussir de cette manière, elle l'aurait pré-
férée à toute autre.

« J'étais bien sûre alors , dit-elle, de de-
» venir à l'instant victime de la fureur du
» peuple , et c'est ce que je désirais. On me
croyait à Londres ; *mon nom eût été ignoré.* »

Ensuite , elle expliqua comment elle avait
préféré de s'introduire chez Marat , et par
quels moyens elle y était parvenue , en lui
écrivant deux lettres , où elle disait avoir
besoin de lui parler de la part de ses amis ;
et sur l'observation qui lui fut faite que ce
moyen tenait de la perfidie. « Je conviens ,
» répondit-elle , que ce moyen n'était pas
» digne de moi ; mais ils sont tous bons pour
» sauver son pays. D'ailleurs , j'ai dû *pa-*
» *raître l'estimer* , pour arriver à lui ; *un*
» *tel homme est soupçonneux.* »

Alors s'ouvrit le débat suivant entre elle ,
le tribunal et les jurés.

D. Qui vous avait donc inspiré tant de
haine pour Marat ?

R. Je n'avais pas besoin de la haine des
autres ; j'avais assez de la mienne.

D. Mais la pensée de le tuer a dû vous
être suggérée par quelqu'un ?

R. On exécute mal ce qu'on n'a pas conçu soi-même.

D. Que haïssiez-vous donc dans sa personne ?

R. Ses crimes.

D. Qu'entendez-vous par ses crimes ?

R. Les ravages de la France, que je regarde comme son ouvrage.

D. Ce que vous appelez les ravages de la France ne sont pas l'ouvrage de lui seul ?

R. Cela peut être ; mais il a dû tout employer pour parvenir à la destruction totale.

D. En lui donnant la mort, qu'espériez-vous ?

R. Rendre la paix à mon pays.

D. Croyez-vous donc avoir assassiné tous les Marat ?

R. Celui-là mort ..... les autres auront peur , peut-être.

Un huissier , étant venu lui présenter le poignard dont elle s'était servie , lui demanda si elle le reconnaissait ?

A ce seul instant, l'émotion parut sur son

visage ; elle détourna la vue ; et repoussant le poignard avec la main, elle dit d'une voix entrecoupée :

R. Oui, je le reconnais, je le reconnais.

Elle avait trouvé, comme on le sait, Marat dans son bain, et par conséquent lui avait plongé le couteau dans la gorge *perpendiculairement.*

L'accusateur public lui observa qu'elle ne l'avait sans doute frappé de la sorte que *pour ne pas le manquer,* dans la crainte de rencontrer une côte, si elle l'eût frappé *horizontalement,* et il ajouta :

« Il faut que vous vous soyez bien exercée » à ce crime ! »

R. Oh ! *le monstre ! il me prend pour un assassin !*

Cette réponse, telle qu'un coup de foudre, termina la séance.

L'accusateur public prit ses conclusions ; après quoi le président dit, suivant l'usage : « Les débats sont terminés...., le défenseur » a la parole. »

A ces derniers mots, et quand je me fus levé pour parler, on entendit d'abord dans l'assemblée un bruit sourd et confus, comme de stupeur ; et puis ensuite, si l'on peut s'exprimer de la sorte, comme un silence de mort qui me glaça jusqu'au fond des entrailles.

Pendant que l'accusateur public parlait, les jurés me faisaient dire de *garder le silence*, et le président de me borner à soutenir *que l'accusée était folle*..... ILS DÉSIRAIENT tous QUE JE *l'humiliasse*.

Quant à elle, son visage était toujours le même. Seulement, elle me regardait de manière à m'annoncer qu'elle ne voulait pas être justifiée. Je ne pouvais d'ailleurs en douter, d'après les débats ; et cela était impossible, puisqu'il y avait, indépendamment de ses aveux, *la preuve légale d'un homicide, avec préméditation.*

Cependant, bien décidé à remplir mon devoir, je ne voulais rien dire que ma conscience et l'accusée pussent désavouer ; et tout à coup l'idée me vint de me borner à une seule observation qui, dans une assemblée du peuple ou de législateurs, aurait pu servir d'élément à une défense complète, et je dis :

« L'acccusée avoue de sang-froid l'horri-
» ble attentat qu'elle a commis ; elle en
» avoue, de sang-froid, la longue prémé-
» ditation ; elle en avoue, de sang-froid,
» toutes les circonstances les plus affreuses;
» en un mot elle avoue tout, se glorifie de
» tout, et ne cherche à se justifier de rien.
» *Voilà toute sa justification*. Ce calme im-
» perturbable, de la part d'une jeune femme
» de son âge, et cette abnégation sublime
» de soi-même, pour ainsi dire en face de
» la mort, ne sont pas naturelles; ils pren-
» nent leur source dans le fanatisme politi-
» que qui lui a mis le poignard à la main :
» c'est à vous de peser cette considération
» ans la balance de la justice. »

A mesure que je parlais ainsi, un air de satisfaction brillait sur son visage.

Les voix du jury ayant été recueillies, elles furent, comme on peut le croire, toutes unanimes pour la condamnation.

Le président lui prononça son arrêt de mort et la confiscation de ses biens.

Il lui demanda ensuite si elle avait à parler sur l'application de la loi ?

Pour toute réponse, elle se fit conduire à moi par les gendarmes. Et m'adressant la parole avec beaucoup de douceur et de grâces:

« Monsieur, me dit-elle, je vous remer-
» cie bien du courage avec lequel vous
» m'avez défendue d'une manière digne de
» vous et de moi. Ces messieurs (en par-
» lant des juges vers lesquels alors elle se
» retourna), ces messieurs me confisquent
» mon bien.... Mais je veux vous donner un
» plus grand témoignage de ma reconnais-
» sance ; *je vous prie de payer pour moi ce*
» *que je dois à la prison*, et je compte sur
» votre générosité (*). »

Elle fut, après cela, reconduite à la Conciergerie, d'où elle ne sortit que pour aller à l'échafaud ; et ne l'ayant pas revue depuis, je ne sais que par ouï dire qu'elle y était allée avec la même tranquillité qu'elle avait montrée dans les débats.

(*) Ses dettes ne se montaient qu'à *trente-six liv.* assignats, que j'ai payées le lendemain au concierge de l'Abbaye.

Ici se termine le récit de M. Chauveau-Lagarde.

Voulant ne rien oublier des traits de courage et d'héroïsme qui ont distingué les femmes dans notre révolution, je n'ai pu mieux faire que d'emprunter la plume élégante de M. Legouvé. J'ai paré mon ouvrage des notes touchantes qui terminent son poëme brillant *du Mérite des Femmes.* Il m'a donné la permission de les copier.

On ne saurait penser sans émotion et sans reconnaissance à l'attachement courageux, à la persévérance infatigable que les femmes, en général, montrèrent à l'époque de la terreur pour les proscrits qui leur étaient attachés par les nœuds de la nature, de la tendresse ou de l'hyménée. D'abord, au nombre de quinze à seize cents, elles présentèrent à la convention nationale une pétition en leur faveur. Depuis, dans toutes les villes où l'on emprisonna, où l'on égorgea, il n'est pas de périls que les femmes n'aient bravés, pas de sollicitations qu'elles n'aient faites, pas de sacrifices qu'elles ne se soient imposés, pour sauver, ou voir et consoler les objets de leur affection ; et plus d'une fois , lorsqu'elles ne purent ni obtenir leur liberté , ni les défendre, elles partagèrent volontairement leur captivité et leur sort. Il eût été bien doux de rendre hommage à toutes ces héroïnes , en rappelant leurs noms et les monumens de leur magnanimité ; mais comment rassembler des faits innombrables ? J'en ai du moins recueilli quelques-uns (*). Ils suffiront pour attester la vérité de mes vers et la bonté de ces anges consolateurs qui , dans des jours de crime , ont remplacé la Providence.

Madame Lefort , dans un des départemens de l'Ouest , tremblait pour son mari, incarcéré comme conspirateur ; elle acheta la permission de le voir. Au déclin du jour, elle vole le trouver , avec des vêtemens doubles ; elle obtient de lui qu'ils changeront

---

(*) On rencontrera dans la narration de ces faits les noms de la Bourbe , de la Conciergerie , du Plessis , du Luxembourg ; de l'Abbaye , de la rue de Sèvres , du Port-Libre : c'étaient des maisons d'arrêt de Paris.

d'habillemens ,

d'habillemens, et qu'ainsi déguisé il sortira de la prison et l'y laissera. Le projet réussit ; l'époux s'échappe. Le lendemain, on découvre que sa femme a pris sa place. Le représentant lui dit, d'un ton menaçant : *Malheureuse, qu'avez-vous fait ? Mon devoir*, répond-elle ; *fais le tien.*

Un semblable événement arriva à Lyon. Un des habitans allait être saisi : sa femme l'apprend ; elle se hâte de l'avertir, lui donne son argent, ses bijoux, le contraint de s'éloigner, et se couvre des habits de cet époux menacé. Les sicaires arrivent et le demandent ; sa femme, vêtue comme lui, se présente ; on la conduit au comité. L'erreur est reconnue. On l'interroge sur son mari ; elle répond qu'elle l'a fait fuir, et qu'elle se glorifie de s'être exposée pour lui sauver la vie. On lui présente l'image du supplice, si elle ne révèle la route qu'il a prise : *Frappez quand il vous plaira*, répond-elle, *je suis prête.* On ajoute que l'intérêt de la patrie lui commande de parler ; elle s'écrie : *La patrie ne commande pas d'outrager la nature.*

Des agens de Robespierre furent envoyés

III.   5

à la Ferté-sous-Jouarre, pour s'emparer du citoyen Regnard, ancien maire de cette ville. On l'accusait de s'être montré trop respectueux pour le roi revenant de Varennes, que sa place lui prescrivait de recevoir. Sa femme essaya de le justifier près des commissaires ; mais croyant voir dans leurs yeux la mort certaine de son mari, elle passa désespérée dans son appartement. Là elle déposa tout ce qu'elle avait de précieux sur elle, courut au bout de son jardin qui donnait sur la Marne, et se précipita dans cette rivière. Le C. Regnard n'apprit qu'au Luxembourg la fin déplorable d'une épouse qui méritait tous ses regrets par son attachement et ses vertus.

Paris vit, comme les départemens, se multiplier les prodiges de la tendresse conjugale.

Madame Lavalette, détenue à la Bourbe avec son mari, est instruite qu'il se rend au tribunal : elle court vers lui, s'attache à son cou, enlace ses jambes dans les siennes, et supplie le guichetier de les laisser partir ensemble. On lui refusa cette triste faveur.

Madame Da.... l'obtint (*). Son mari, autrefois lieutenant-général du présidial de Riom, avait été arrêté dans cette terre, et devait être transféré à la conciergerie : il gémissait sous le poids de l'âge et des infirmités. Madame Da.... prévit le sort dont il était menacé, et voulut partager le sanglant sacrifice. Elle n'avait contre elle aucun mandat d'arrêt; et, libre, elle s'élança sur la voiture qui conduisait à Paris les prisonniers des départemens. A leur arrivée, elle fut enfermée comme eux, et périt quelques mois après sur l'échafaud, à côté de son époux qu'elle tenait embrassé.

Madame Lavergne, femme du commandant de Longwy, éleva pour lui la voix au tribunal révolutionnaire, lorsqu'il y fut interrogé sur la reddition de cette place. Effort impuissant ! sa sentence fut prononcée devant elle. Elle n'écouta plus que le désespoir; il suffisait de proférer le cri de *vive*

______

(*) Extrait du livre intitulé : *la Philosophie du bonheur*, par M. Delille Desalle, auteur de *la Philosophie de la nature*.

3 *

le roi pour être immolé : elle en fit retentir la salle. En vain les juges voulurent la regarder comme aliénée ; elle s'obstina à répéter ce cri favorable à sa résolution, jusqu'à ce qu'elle obtînt d'être elle-même condamnée.

Madame Roland, femme du ministre, le défendit à la barre de la convention avec autant de fermeté que d'éloquence. Arrêtée, et ne pouvant plus lui être utile, elle lui légua l'exemple d'une mort intrépide, par le calme avec lequel elle marcha à l'échafaud.

Madame Clavière (*), femme d'un autre ministre républicain, s'exposa vingt fois, après le 31 mai, à être mise en arrestation, par les démarches qu'elle fit pour son mari détenu. Clavière dédaigna de paraître au tribunal de sang où l'attendaient ses ennemis, et se plongea un couteau dans le cœur, en prononçant ces vers de Voltaire :

> Les criminels tremblans sont traînés au supplice ;
> Les mortels généreux disposent de leur sort.

Madame Clavière reçoit cette nouvelle :

____

(*) Extrait d'un excellent écrit du tribun Riouffe, intitulé : *les Mémoires d'un détenu.*

elle met ordre à ses affaires, console ses enfans, et se tue avec la tranquillité de So-
crate.

On déposa au Plessis des malheureux
amenés à Paris pour y être jugés. L'un d'eux
avait une femme jeune et belle, qui ne s'é-
tait point séparée de lui. Comme elle se promenait dans la cour avec les autres prisonniers, on appelle son mari au guichet. Elle
pressent que c'est le signal de sa perte ; elle
veut le suivre. Le geolier s'y oppose ; mais,
forte de sa douleur, elle renverse tout ; elle
se précipite dans les bras de son mari ; elle
s'attache à lui, pour avoir au moins la triste
douceur de partager son sort. Des gardes
les séparent. *Barbares*, leur dit-elle, *je
n'en mourrai pas moins.* En même temps,
elle s'élance vers la porte de fer, s'y brise la
tête, et tombe expirante.

On avait conduit le maréchal de Mouchy
au Luxembourg : à peine y était-il, que sa
femme s'y rend. On lui représente que l'acte
d'arrestation ne fait pas mention d'elle ; elle
répond : *Puisque mon mari est arrêté, je
le suis aussi.* Il est traduit au tribunal révo-

lutionnaire ; elle l'y accompagne. L'accusateur public l'avertit qu'on ne l'a point mandée, elle répond : *Puisque mon mari est mandé, je le suis aussi.* Enfin il reçoit son arrêt de mort ; elle monte avec lui dans la charrette meurtrière. Le bourreau lui dit qu'elle n'est point condamnée : *Puisque mon mari est condamné, je le suis aussi.* Telle fut son unique réponse. On les exécuta ensemble.

Si l'hymen dans ces temps horribles fit tout pour les malheureux, on juge que l'amour, plus exalté, plus impétueux, ne se laissa pas vaincre en générosité. La maîtresse du C. Caussé, négociant à Toulouse, en donna un exemple.

La commission révolutionnaire de cette ville l'avait condamné ; il était nuit lorsque l'on prononça son arrêt : l'exécution fut donc remise au lendemain. Sa maîtresse apprend ce délai, et se dispose à en profiter pour le soustraire aux bourreaux. Une maison non habitée touchait au lieu où il devait passer la nuit : sa maîtresse qui, dans le cours de son affaire, avait tout vendu pour répandre l'or en sa faveur, achète sur-le-champ cette maison. Elle y vole, suivie d'une femme de chambre dont elle était sûre. Elles percent toutes deux le mur contigu à la prison, et y font une ouverture assez grande pour donner une issue au captif qu'elles veulent délivrer : mais les environs étaient remplis de gardes ; comment le dérober à leurs yeux ? Un déguisement militaire, que cette prévoyante amie avait apporté, favorise son évasion. Elle-même, vêtue en gendarme, le guide parmi les sentinelles. Ils traversent ainsi la ville sans être reconnus, et passent même devant la place où l'on dressait déjà l'instrument qui devait trancher des jours que l'amour sut conserver.

L'amour sauva aussi un jeune homme de Bordeaux, jeté dans l'une des prisons de cette ville. L'air malsain qu'il y respira avait altéré sa santé ; il fut transféré à l'hôpital. Une jeune sœur, nommée Thérèse, se vit chargée de lui donner des soins. Il était d'une figure charmante, et y joignait les avantages de la naissance et de la fortune. Il l'intéressa d'abord par la douceur de sa physionomie; et, lorsqu'il lui eut raconté ses malheurs et ses craintes, la compassion acheva ce qu'un tendre intérêt avait commencé. Elle résolut de le faire évader. Après lui avoir communiqué ce dessein, sans lui avouer son penchant, elle lui recommanda de simuler des convulsions violentes, et de feindre enfin l'état de mort. Le jeune homme exécuta le stratagême convenu. La sœur Thérèse, selon l'usage, étendit sur sa tête le drap de son lit. Le médecin passa devant lui à l'heure accoutumée ; elle lui annonça que le malade venait d'expirer ; il s'éloigna sans soupçonner qu'elle le trompait. Le soir arrivé, la sœur Thérèse supposa que le prétendu mort était réclamé pour l'instruction des élèves, et le fit transporter à la salle de dissection. Dès qu'il y fut rendu, elle le couvrit des habits d'un chirurgien qui était dans leur secret ; et, à la faveur de ce vêtement, il s'échappa sans être remarqué. La ruse ne fut découverte que le lendemain. On interrogea la sœur Thérèse, qui ne se permit aucune dissimulation, et frappa tellement par sa franchise, qu'elle fut épargnée.

Cependant elle avait inspiré un sentiment encore plus vif que celui qu'elle éprouvait. Le jeune bordelais l'engagea à venir le trouver dans son asile ; et là , tombant à ses pieds , il la conjura d'embellir l'existence qu'il lui devait , en consentant à devenir son épouse. On juge qu'elle ne refusa pas ; elle recevait le bonheur en le donnant. Ils s'enfuirent tous deux en Espagne , où ils se marièrent.

Une veuve à la fleur de l'âge déploya pour son amant , incarcéré dans le département du Nord , une énergie dont le succès ne fut pas aussi heureux. A la première nouvelle de sa détention , elle courut solliciter sa délivrance ; on la repoussa : elle demanda à le voir, ou à être enfermée avec lui ; on lui refusa tout. Elle vola vers sa prison, qui donnait sur la rue , et y attendit l'occasion de l'apercevoir : il parut à une fenêtre : on sent ce qu'éprouvèrent alors ces amans. Elle vint ainsi , pendant quelque temps , affronter la pluie , le vent et les sentinelles, pires que toutes les injures de l'air, pour

obtenir une courte entrevue (*). Mais un
jour, au moment où elle arrivait, quel spectacle frappe ses yeux! une charrette partant
pour le supplice, et son amant lié avec plusieurs autres victimes. A cet aspect elle se
précipite sur les chevaux, veut les arrêter,
appelle le peuple à son secours, le supplie
d'empêcher la mort de ce qu'elle aime. Les
satellites la saisissent; elle cherche à se dé-
gager de leurs mains pour revoler vers l'infortuné qu'on entraîne : toujours retenue
par eux, elle leur reproche leur lâche obéis-

(*) Il en fut de même à Paris. Tous les jours, dans
toutes les saisons, le jardin du Luxembourg était
rempli de femmes qui, malgré l'excès de la chaleur
ou du froid, venaient y passer la matinée pour en-
trevoir un instant aux fenêtres ou ur les toits du
bâtiment leurs frères, leurs pères, leurs maris enfermés ; pour leur adresser ou recevoir d'eux un regard, un geste, un témoignage d'attachement et de
regret. Quelques-unes firent plus : en dehors d'autres
prisons où des égouts correspondaient, elles se pen-
chèrent sur ces eaux infectes pour entretenir un ami,
un parent, et les rassurer par les protestations les
plus tendres contre la défiance trop naturelle au
malheur.

sance à des tigres ; elle les conjure de l'unir à ce qu'elle a de plus cher au monde. Ils veulent l'éloigner ; alors elle saisit le sabre de l'un d'eux, et se le plonge dans le cœur. Son sang jaillit ; la multitude s'émeut, les soldats restent stupéfaits ; l'amant est éperdu, ses compagnons d'infortune oublient le coup qui les attend, pour ne s'occuper que de son affreuse position. Cependant des municipaux accourent et font enlever le cadavre. La voiture homicide arrive à sa cruelle destination ; les condamnés tombent sous la hache, et le souvenir du suicide de cette amante magnanime va se perdre dans les torrens de sang que chaque jour voit couler.

Madame C....r ne put également prouver son amour au C. Boyer, qu'en mourant avec lui. Ils étaient détenus ensemble à Paris. Un jour Boyer est cité au tribunal comme témoin. Ses compagnons d'infortune sentirent qu'ils ne le reverraient plus, et tous les yeux se portèrent sur sa maîtresse. Elle parut fort calme ; elle s'enferma pour écrire. Un de ses amis, craignant que cette tranquillité apparente ne cachât un projet sinistre, épia ses démarches, et intercepta une lettre qu'elle avait écrite à l'accusateur public. Cette lettre lui apprit tout ce qui se passait dans cette ame brûlante. Madame de C....r y faisait des vœux pour le retour de la royauté : c'était demander la mort ; elle l'attendait ; mais, ne recevant pas de nouvelles, elle craignit que sa lettre ne fût point parvenue ; elle en écrivit une autre , et prit ses mesures pour qu'elle arrivât. Cependant on lui cachait les journaux ; parce que Boyer était sur la liste des suppliciés. Elle dit à ses amis : *Je sais qu'il n'est plus ; ne me déguisez rien ; j'ai du courage.* On lui avoua qu'elle avait tout perdu. Elle reçut ce dernier coup avec la plus grande fermeté, et se retira une seconde fois dans son appartement. Là , elle relut toutes les lettres de son amant , s'en fit une ceinture , et passa le reste de la nuit à le pleurer. Le lendemain , elle s'habilla avec recherche , et, à l'heure du déjeuner, comme elle était à table avec les autres prisonniers , elle entendit la cloche. *C'est moi que l'on vient chercher ; s'écria-t-elle avec joie ; adieu !*

mes amis ; je suis heureuse, je vais le suivre.
A ces mots, elle coupa ses beaux cheveux, les partagea entre ses amis, donna ensuite à l'un une bague, à l'autre un collier, et les quitta, après les avoir priés de jeter quelquefois un regard sur ses présens. Elle vola au tribunal. On lui demanda si elle était l'auteur de la lettre qui l'y faisait appeler ? *Oui, monstres, c'est moi qui vous l'ai adressée ; vous aviez assassiné mon amant ; frappez-moi à mon tour ; je vous apporte ma tête.* Arrivée à l'échafaud, elle s'écria : *C'est ici qu'il a péri hier, à la même heure ; je vois son sang : bourreau, viens-y mêler celui de son amante.* Après avoir prononcé ces paroles, elle se livra au fer assassin, en répétant jusqu'au dernier moment le nom qu'elle adorait.

Une autre femme se signala, après le trépas de son amant, par un transport d'un caractère différent, mais qui n'est pas moins tendre.

Elle avait assisté à l'exécution de l'infortuné qui lui était si cher ; elle suit sa dépouille jusqu'au lieu où l'on devait l'ense-

vélir avec d'autres cadavres. Là , elle flatte
la cupidité du fossoyeur, pour en obtenir
la tête d'une victime chérie. « Des yeux où
» régnait l'amour , et que la mort vient
» d'éteindre , la plus belle chevelure blonde ,
» les grâces de la jeunesse flétrie par le
» malheur ; voilà , dit-elle , l'image de
» celui que je viens chercher. Cent louis
» seront la récompense de ce service ».
La tête est promise. Elle revient seule
et tremblante la prendre dans un voile
précieux ; mais la nature fut moins forte.
Cette sensible amante , épuisée des combats
qu'elle éprouvait , tomba au coin de la rue
Saint-Florentin , et laissa voir aux yeux
effrayés son secret et son dépôt. Elle fut
envoyée au tribunal révolutionnaire , qui
lui fit un crime de l'action qui aurait dû
l'attendrir , et elle marcha bientôt au supplice , heureuse de l'espoir de retrouver
dans un meilleur monde l'objet qui lui avait
inspiré un délire si passionné.

Il est un effort encore plus beau que de
s'immoler pour l'amant dont on est aimé,
c'est de mourir pour un infidèle. L'histoire,

de madame C..... présente cet excès de grandeur d'ame.

Un jeune homme en fut long-temps épris, et en avait obtenu le plus tendre retour ; mais quoique toujours adoré, il l'abandonna pour madame B....., dont l'amabilité pouvait faire excuser cette inconstance. Il est arrêté dans un département, ainsi que madame C..... Réunie du moins par l'infortune à son volage amant, elle pardonne à sa rivale, et lui écrit même les lettres les plus affectueuses ; cependant les deux captifs apprennent que l'on a donné l'ordre de les transférer à Paris. Révoltés de périr sous la main d'un bourreau, ils marquent à madame B..... de se trouver munie de poison, tel jour, à telle heure, au passage de la galiote. Madame B..... se croit obligée de remplir leur dernière volonté. Elle se rend au jour, à l'heure, au lieu indiqué, courant mille fois le risque de se perdre elle même. Son zèle fut trompé ; on avait fait prendre la poste à ses malheureux amis, et déjà ils étaient à la Conciergerie. Nul moyen de parvenir jusqu'à eux. Le jeune homme, qui désirait voir encore une fois celle qu'il préférait, écrit à madame B..... de paraître sur son passage, le jour de l'exécution. Ce jour arrive. Madame B..... recueille toutes ses forces, et se traîne, rue Saint-Honoré ; cependant madame C....., sûre de n'être plus séparée de celui dont l'image n'était jamais sortie de son cœur, le console ; et pour elle seule, au milieu d'une foule de victimes consternées, l'attente du supplice est le moment du bonheur. Le char de la mort traverse la rue Saint-Honoré. Madame B....., attachée aux barreaux d'une fenêtre, voit son amant enchaîné, et sa rivale à ses côtés. Tous deux, par des signes de tête, lui font les adieux les plus touchans. Le jeune homme la regardait avec des yeux où se peignait la douleur de la quitter ; la femme au contraire, le visage rayonnant, semblait lui dire : *Je suis plus heureuse que toi ; je vais vivre éternellement avec lui.* Ils disparaissent : madame B..... tombe évanouie, et quand elle revint à elle, ses amis n'étaient plus.

La tendresse fraternelle inspira aussi

des sacrifices dignes d'être placées à côté de ceux de l'amour et de l'hymen.

La sœur d'un libraire de Paris, appelé Gattey, présente à la condamnation de son frère, cria *vive le roi* dans l'enceinte même du tribunal. Elle voulait périr avec lui ; mais on ne lui accorda pas cette douloureuse satisfaction, sa mort fut remise au lendemain.

Madame de Maillé, détenue rue de Sèvres, s'immola pour sa belle-sœur. Elle s'était rendue dans la cour avec les autres prisonniers pour y entendre l'appel des accusés : son nom est prononcé ; elle s'avance, mais elle fait remarquer que le prénom n'étant pas le sien, ce n'est pas d'elle qu'il s'agit. On lui demande si elle sait quelle est la personne désignée (c'était sa belle-sœur) ; elle garde le silence. On lui ordonne de révéler sa retraite. *Je ne désire pas la mort,* répond-elle, *mais je la préfère mille fois à la honte de me sauver aux dépens d'un autre ; je suis prête à vous suivre* (*).

(*) Les bourreaux étonnés l'épargnèrent ; elle existe.

Madame Elisabeth pouvait échapper aux dangers qui menaçaient les Bourbons, en rejoignant ceux de ses frères qui sortirent de France : elle aima mieux s'oublier elle-même, pour ne pas abandonner le plus malheureux. Elle mourut bientôt après lui, avec le calme d'une ame douce et pure. Dans la voiture qui la menait au supplice, son fichu tomba. Exposée en cet état aux regards de la multitude, elle adressa au bourreau ce mot mémorable : *Au nom de la pudeur, couvrez-moi le sein.*

Après la reddition de Lyon, une jeune fille entra désespérée dans la salle où la commission siégeait, et s'écria : *Il ne me restait de toute ma famille que mes frères. Vous venez de les faire fusiller; de grâce, commandez que je périsse avec eux.* Elle pressait les genoux des juges, en leur adressant cette triste prière. On la refusa. Elle courut se jeter dans le Rhône.

Dans la même ville, à la même époque, cinq prisonniers s'échappèrent d'un cachot appelé la *Mauvaise-Cave;* ce furent les sœurs du jeune Porral qui leur en facilitèrent les moyens. Elles donnèrent une partie de leur fortune pour pénétrer jusqu'à leur frère, et firent, au milieu des plus grands dangers, plusieurs voyages, pour lui apporter les instrumens nécessaires à son évasion. Le jeune Porral s'en servit avec autant de bonheur que de hardiesse, et vint bientôt, avec ses quatre compagnons, remercier ses sœurs, qui l'aidèrent encore à se dérober aux recherches qu'occasionna le bruit de sa fuite.

La France, presque entière, était devenue une arène sanglante où tous les sentimens se disputaient le dangereux honneur d'être utile à l'infortune ; mais la piété filiale, en se dévouant à sa défense, acquit peut-être un nouveau degré d'intérêt par le contraste de l'héroïsme avec la jeunesse et l'innocence.

Mademoiselle de Bussy et mademoiselle de Brion, âgées, l'une de quinze ans, l'autre de dix-neuf, avaient toutes deux accompagné leurs mères en prison. Elles n'étaient point écrouées, elles pouvaient sortir ; elles préférèrent partager leur captivité ; et lors-

que le décret qui expulsait de Paris la caste
nobiliaire, les força de s'en séparer, elles
versèrent des torrens de larmes. Tous les
jours dans ces campagnes, où elles jouissaient d'un air plus pur, on les entendit
regretter l'insalubrité de l'horrible demeure
dont la violence les avait arrachées.

On a vu également madame Grimoard,
maintenant madame Potier, témoigner à sa
mère, madame Lachabeaussière, le plus
touchant empressement. Elle avait été envoyée dans une prison différente; elle solli-
cita, quoique enceinte, sa translation à Port-
Libre, pour être auprès de sa mère, et lui
rendre tous ses soins; mais elle la trouva
enfermée au secret, et traitée avec la plus
grande barbarie. Témoin de cette cruauté,
elle en fut tellement affectée, que son esprit
s'aliéna par intervalles; elle devint la Nina
de la nature. Elle négligeait le soin de se
parer; ses cheveux flottaient toujours épars.
Dans son égarement qui attendrissait tous
les cœurs, tantôt, fixée à une place, ses
yeux se promenaient autour d'elle, et ne
voyaient personne : son sein exhalait des

gémissemens, sa figure et son corps se tour-
mentaient de convulsions ; tantôt elle se
levait avec précipitation, parcourait les cor-
ridors, allait s'asseoir sur les degrés de la
porte du cachot de sa mère. Là, elle écoutait long-temps ; et si aucun bruit ne frap-
pait son oreille, elle soupirait, elle pleu-
rait, elle s'écriait douloureusement et à demi-
voix : *O ma mère ! ma tendre, ma malheureuse mère !* Si elle l'entendait marcher ou
faire quelques mouvemens, elle s'entretenait avec elle, et, pour prolonger le pénible
plaisir de cette conversation, elle restait des
heures entières étendue sur le seuil. Elle
ne se bornait point à des paroles ; elle portait tous les jours à sa mère une partie de
sa subsistance : c'était lui porter la vie ; car
souvent on oubliait cette infortunée. Mais
lorsqu'elle venait demander aux geoliers
l'ouverture du cachot, par combien de refus grossiers, de propositions dégoûtantes,
d'insolentes plaisanteries, il fallait l'ache-
ter ! n'importe : elle souffrait tout, pour
offrir quelque nourriture à sa mère, pour
l'embrasser quelques instans. On eût dit

que la sollicitude maternelle avait passé toute entière dans l'ame de cette fille sensible.

Le même éloge est dû à mademoiselle Delleglace. Son père, envoyé d'un cachot de Lyon à la Conciergerie, partait pour Paris. Elle ne l'avait pas quitté, elle demanda au conducteur d'être admise dans la même voiture. Elle ne put l'obtenir ; mais le cœur connaît-il des obstacles ? Quoiqu'elle fût d'une constitution très-faible, elle fit le chemin à pied ; elle suivit, pendant plus de cent lieues, le chariot où son père était traîné, et ne s'en éloignait que pour aller dans chaque ville lui préparer des alimens, et, le soir, mendier une couverture qui facilitât son sommeil dans les différens cachots qui l'attendaient. Elle ne cessa pas un moment de l'accompagner et de veiller à tous ses besoins, jusqu'à ce que la Conciergerie les eût séparés. Habituée à fléchir des geôliers, elle ne désespéra point de désarmer des oppresseurs. Pendant trois mois, elle implora, tous les matins, les membres les plus influens du comité de salut public, et finit par vaincre leur refus. Elle reconduisit

son père à Lyon , fière de l'avoir délivré ;
mais le ciel ne lui permit pas de jouir de
son ouvrage. Elle tomba malade dans la
route, épuisée de l'excès de fatigue à laquelle elle s'était livrée, et perdit la vie
qu'elle avait sauvée à l'auteur de ses jours.

Mademoiselle de la Rochefoucauld montra
autant de courage pour son père. Elle avait
été condamnée avec lui dans la guerre de
la Vendée ; mais elle sut le dérober à l'exécution. Elle le cacha chez un artisan , jadis
leur domestique, et chercha ailleurs un asile
pour elle. Tous deux vivaient ainsi à l'abri
des bourreaux ; mais comme leurs biens
étaient confisqués, et que la pitié est prompte
à se lasser , leurs ressources s'épuisèrent en
peu de temps. Mademoiselle de la Rochefoucauld apprend que son père va succom-
ber au besoin : réduite à la même extrémi-
té, et ne pouvant le secourir, elle se dévoue
pour lui. Un général républicain passait
alors dans la ville où elle s'était réfugiée ;
elle l'instruit dans la lettre la plus pathé-
tique de la situation déplorable de son père,
et lui offre de se présenter pour subir l'arrêt

prononcé contre elle, s'il s'engage à donner
un prompt secours à ce vieillard expirant.
Le guerrier vole la trouver, mais ce n'est
pas un ennemi qu'elle voit en lui, c'est un
protecteur. Il secourut le père, sauva la
fille, et, après le 9 thermidor, les fit rentrer dans leur fortune, en obtenant la révi-
sion de leur jugement.

Le trait de la jeune Bois-Bérengèr est
aussi admirable, et peut-être encore plus
attendrissant. Sa mère, son père et sa sœur
avaient reçu leur acte d'accusation; elle seule
semblait avoir été oubliée des meurtriers de
sa famille. Combien cette funeste préférence
lui coûta de larmes! elle disait dans son désespoir : *Je suis donc condamnée à vous
survivre! nous ne mourrons pas ensemble!*
Elle s'arrachait les cheveux; elle embrassait
tour à tour sa mère, sa sœur, son père;
elle les baignait de ses pleurs, et répétait
avec amertume : *Nous ne mourrons donc
pas ensemble!* L'acte d'accusation si désiré
arrive, plus de regrets, plus de larmes :
elle fait éclater les transports de la joie.
Elle embrasse de nouveau ses parens, en
s'écriant :

s'écriant: *Nous mourrons ensemble !* On eût dit qu'elle tenait dans ses mains leur liberté et la sienne. Elle se para comme un jour de fête ; elle coupa elle-même les tresses de sa belle chevelure. Au sortir de la Conciergerie, elle pressait dans ses bras sa malheureuse mère, dont l'abattement était le seul chagrin qu'elle éprouvât ; enfin elle soutint son courage affaibli jusqu'à l'échafaud. *Consolez-vous, lui disait-elle, consolez-vous ; n'êtes-vous pas heureuse ? vous n'emportez pas le moindre regret dans le tombeau ; toute votre famille vous accompagne, et vous allez recevoir la récompense que méritent vos vertus.*

C'est avec une constance semblable que madame de Malezey, dont les grâces égalaient la beauté, se conduisit auprès de son père condamné. Elle veilla sans cesse sur lui ; elle le consola jusqu'au moment où il fut frappé, et soumit à la même hache la tête la plus séduisante.

Il est plusieurs femmes à qui l'humanité seule inspira ce noble mépris de la vie, que d'autres montrèrent, par attachement à des liens sacrés.

III. 4

Quelque temps après le 31 mai, le député Lanjuinais, mis hors la loi, vint se
réfugier à Rennes, chez sa mère, qui n'avait
à son service qu'une ancienne femme de
chambre. Il crut devoir déguiser la vérité à
cette dernière; mais un jour il lit dans les
papiers publics que Guadet a été exécuté à
Bordeaux, et que l'on a enveloppé dans sa
proscription tous ceux de ses amis qui l'a-
vaient reçu, et même les domestiques qui
n'avaient pas déclaré son asile. Lanjuinais
voit le péril où sa présence jette la femme
attachée à sa mère, et il se décide, au risque
de sa vie, à l'y soustraire. Il lui révèle sa
position, l'avertit de ce qu'elle doit craindre,
et l'engage à s'éloigner, en lui recomman-
dant le silence. Elle lui répond qu'elle ne
l'abandonnera pas quand il est en danger, et
qu'il lui importe peu de mourir, si elle
doit le perdre. Il lui fait des représentations ;
toutes sont inutiles : elle réclame avec ins-
tance le bonheur de rester près de ses maî-
tres jusqu'au dernier moment. Lanjuinais,
pénétré, se laissa vaincre, et parvint à gagner,
par l'adresse de cette femme, l'époque de

la chute de Robespierre, où elle recueillit, dans le salut du fils de sa maîtresse, le prix de sa vertueuse obstination.

Marie, servante dans une maison d'arrêt de Bordeaux, inspira de la confiance à deux jeunes gens, par la douceur avec laquelle elle traitait ceux qui étaient enfermés. Ils s'adressèrent à elle pour s'évader. Elle consentit à leur en fournir les moyens. Au moment de sortir, ils lui offrirent chacun un assignat de cinq cents francs, comme un témoignage de leur reconnaissance. Elle s'en offensa, et leur dit: *Vous ne méritez pas que je vous sois utile, puisque vous m'estimez assez peu pour imaginer qu'un vil intérêt me guide.* Ils eurent beau lui observer qu'ils ne lui proposaient cette somme que pour qu'elle échappât sans craindre les besoins, si elle était soupçonnée d'avoir participé à leur fuite; ils virent bientôt qu'il fallait, ou ne plus lui parler d'argent, ou renoncer à accepter son secours. Ils s'abandonnèrent enfin à elle, en lui demandant quel gage ils pouvaient lui laisser de leur sensibilité : *Embrassez-moi,* leur répondit-elle, *je ne ferai pas d'autre réponse.*   4*

Mademoiselle Boyer, ouvrière à Marseille, fut traduite devant la commission, pour témoigner dans l'affaire d'un prévenu qui avait en effet commis le délit révolutionnaire dont on le chargeait. Croyant le soustraire à la mort, elle attesta en sa faveur, et paya de sa tête ce généreux mensonge.

Dans la ville de Brest, un inconnu entra chez madame Ruvilly, pour lui demander un asile contre la proscription. C'était un vieillard de quatre-vingts ans. Née avec une ame compatissante, elle n'examina pas le danger qu'il lui apportait; il était malheureux, ce titre lui suffit : elle s'empressa de le cacher, et lui prodigua les soins les plus attentifs. Deux jours après, le vieillard vient prendre congé d'elle. Madame Ruvilly, qui avait eu la délicatesse de ne pas le questionner, lui témoigne sa surprise. Il lui avoue qu'il est prêtre, et que, voué par ce nom seul à la persécution, il craint qu'un plus long séjour ne l'attire sur elle. *Souffrez,* poursuit-il *, qu'en m'éloignant, je vous délivre du danger de m'avoir recueilli, et m'épargne à moi-même la douleur de vous entraîner dans* ma ruine. *Mais dans quel lieu vous retirerez-vous?* lui dit madame Ruvilly. *Dieu y pourvoira,* répond-il, *Quoi! s'écrie-t-elle, vous n'avez pas de retraite, et vous voulez que je vous laisse partir! Non; plus votre état vous expose, plus vous m'intéressez. Attendez, de grâce, dans cette maison un moment plus tranquille.* Le vieillard refusa, et, malgré les instances les plus vives, resta vainqueur dans ce combat de générosité. Madame Desmarets, sœur de madame Ruvilly, se trouvait alors chez cette dernière; elle fut témoin de cette scène touchante, et garda le secret. Mais la tyrannie a les yeux toujours ouverts; elle surprit bientôt les traces de cet acte hospitalier. Madame Ruvilly s'applaudit devant ses juges du service qu'elle avait rendu, et ne parut affligée que de voir sa sœur condamnée avec elle pour ne l'avoir pas dénoncée. Ces deux femmes subirent leur sort, fières d'être punies pour une action généreuse.

Mesdames Bedée et Bouquey, résidentes, l'une à Laudujan, l'autre à Bordeaux; mademoiselle Cauchois, mercière à Dieppe, et beaucoup d'autres eurent aussi la gloire de périr, pour avoir exercé l'hospitalité envers des malheureux persécutés sous différentes dénominations.

Madame Payssac, habitante de Paris, fit plus que donner l'hospitalité ; elle l'offrit. Rabaud de Saint - Étienne était mis hors la loi par une suite du 31 mai : madame Payssac vint lui proposer un asile dans sa maison. En vain il lui fit sentir l'étendue des dangers où il la jetterait en l'acceptant ; elle insista avec toute l'énergie d'une belle ame, et parvint à triompher des refus de Rabaud. Cependant il fut découvert chez elle ; et bientôt après elle le suivit au supplice avec le courage qu'elle avait montré, lorsqu'elle affronta le péril.

Condorcet était poursuivi, à cette affreuse époque. Une femme de ses amies lui fit également la proposition de le cacher. Il refusa en s'écriant : *Vous seriez hors la loi ! Eh*, reprit-elle, *suis-je hors l'humanité ?* Cette réponse ne le détermina pas. Quelque temps après, on le trouva tué de ses propres mains, dans un village voisin de Paris.

Madame Le Jai, libraire à Paris, réussit mieux ; elle recueillit le député Doulcet de Pontécoulant ; et son zèle fut si ingénieux, qu'elle sauva sa vie et celle du député.

La nièce d'un sacristain de Bruxelles eut le même bonheur, en secourant un Français qui s'y était réfugié dans nos jours sanguinaires. C'était après la bataille de Fleurus, lorsque nos troupes rentrèrent dans la Belgique. Menacé d'être pris dans Bruxelles, il fuyait ; une jeune fille, assise devant une porte, et entraînée par le seul intérêt qu'inspire un malheureux, l'arrêta en lui criant : *Vous êtes perdu si vous allez plus loin ! — Si je retourne, je le suis également. — Eh bien*, reprit-elle, *entrez ici.* Il accepta. Après lui avoir appris qu'elle le recevait dans la maison de son oncle, qui ne lui permettrait pas de le sauver s'il en était instruit, elle le conduisit dans une grange, où il se cacha. A peine il faisait nuit, que quelques soldats vinrent s'y livrer au sommeil. La nièce les suivit sans en être aperçue ; et, dès qu'ils furent endormis, elle en profita pour tirer le Français de ce lieu trop peu sûr ; mais, comme il s'échappait, un d'eux se réveilla, et le saisit par la main. A ce mouvement, elle s'élança entre eux en disant, *Lachez-moi donc! c'est moi qui viens....* Elle n'eut pas besoin d'achever; le soldat, trompé par la voix d'une femme, abandonna son captif. Elle mena ce dernier jusqu'à sa chambre; là, elle prit les clefs de l'église, et, une lampe à la main, elle la lui ouvrit. Ils arrivèrent à une chapelle que les ravages de la guerre avaient dépouillée de ses ornemens. Derrière l'autel était une trape difficile à apercevoir. Dès qu'elle l'eut levée, « Vous voyez, lui dit-elle, cet escalier » sombre; c'est celui d'un caveau qui ren- » ferme les restes d'une famille illustre; il » est probable que l'on ne vous soupçonnera » pas être dans ce lieu. Ayez le courage d'y » demeurer jusqu'à ce qu'il se présente un » moment favorable à votre évasion. » Le Français ne balance pas, il descend avec confiance. O surprise! les premiers objets qu'il aperçoit à la clarté de la lampe sont les armes de sa famille originaire de ce pays. Il reconnaît les tombeaux de ses aïeux, il les salue avec respect, il touche avec attendrissement ces marbres chéris. La nièce le laisse au milieu de ces impressions. Leur douceur, et surtout l'espérance de retrouver une épouse qu'il adorait, lui firent oublier quelque temps l'horreur de son habitation ; mais deux jours s'étaient passés, et il ne voyait pas revenir sa libératrice. Il ne sut qu'imaginer ; tantôt il craignait qu'elle n'eût été la victime de ses services ; tantôt il tremblait qu'elle ne l'eût oublié. Le besoin de la faim se joignit à ces idées effrayantes ; et il n'eut plus devant les yeux que l'image d'une mort plus horrible que celle qu'il avait évitée. Ses forces s'épuisèrent ; il tomba presque sans connaissance sur le cercueil d'un de ses ancêtres. Cependant un bruit se fait entendre ; c'était la voix de la sensible nièce qui l'appelait ; accablé par la joie comme par la faiblesse, il ne put répondre ; elle le crut mort, et laissa retomber la trape en gémissant. Le malheureux épouvanté fit un effort, poussa un grand cri ; elle l'entendit et accourut. Elle se hâta de lui présenter des ali-

mens , lui expliqua la cause de ses retards ,
et l'assura que ses précautions étaient si
bien prises , que désormais elle ne lui ferait
plus éprouver de pareilles lenteurs. Elle
venait de le quitter , lorsqu'un cliquetis
d'armes frappa son oreille ; elle rentra pré-
cipitamment dans le caveau , en recomman-
dant au Français de garder le silence. C'était
en effet des hommes armés que le sacristain,
accusé d'avoir introduit un émigré dans
l'église , et ignorant l'imprudence de sa
nièce , y conduisait , pour qu'ils fissent
leurs perquisitions. Rien n'échappa à leurs
regards ; ils visitèrent partout ; ils mar-
chèrent même sur la fatale trape. Quel
moment pour les deux captifs ! chaque pas
qui l'ébranlait répondait à leur cœur , et
leur semblait être l'approche de leur dernier moment. Cependant le bruit s'éloigna
peu à peu , et finit par se dissiper entièrement. La nièce sortit encore inquiète , par-
courut l'église, y trouva une profonde solitude , revint rassurer le Français alarmé,
et se retira. Le lendemain , les jours sui-
vans , elle lui apporta exactement sa nour-

fiture : il resta ainsi long-temps dans ce souterrain , sous la garde de cette fille attentive. Un moment de tranquillité arriva ; elle l'en avertit. Il dit un adieu tendre et respectueux aux mânes de ses ancêtres qui l'avaient protégé, sortit vivant de ce tombeau, gagna la campagne, et rejoignit bientôt une épouse , dont la présence et l'amour lui firent encore plus apprécier le bienfait de sa généreuse libératrice.

Que l'on consulte surtout les procès de Carrier et de Joseph Lebon, on s'assurera que plusieurs femmes , pour racheter la vie d'un père ou d'un mari , furent obligées de s'abandonner à la lubricité de ces barbares : et je crois que rien ne mérite plus le nom de vertu que ce sacrifice de la vertu même , que ce supplice effroyable d'assouvir , pour le salut d'un objet chéri, les transports de monstres dégoûtans de meurtres et de forfaits.

La belle action de mademoiselle de Sombreuil , au milieu des massacres de septembre , est trop connue , pour que j'entre dans de longs détails. Il est juste pourtant que je rappelle ici, comme une nouvelle preuve de son dévouement, un fait que je n'ai pu placer dans mes vers. Un des meurtriers mit, à la délivrance de son père, la condition qu'elle boirait un verre de sang. L'amour filial lui donna la force de céder à cette horrible proposition. Depuis cette époque, mademoiselle de Sombreuil eut des convulsions fréquentes, et dont le retour était régulier. Elle n'en fut pas moins attentive pour son père ; elle partagea ses fers, lorsqu'il fut réincarcéré sous la terreur. La première fois qu'elle parut devant les autres prisonniers, tous les yeux se fixèrent sur elle, et se remplirent de larmes ; elle reçut de tous les cœurs le prix que l'on doit à la vertu. Le C. Coëttant la célébra dans une romance touchante. Madame de Rosambo lui adressa un mot qui les honore l'une et l'autre. Elle sortait de la prison avec le vénérable Malesherbes pour paraître au tribunal ; elle aperçoit mademoiselle de Sombreuil : *Vous avez eu*, lui dit-elle, *la gloire de sauver votre père, et moi j'ai la consolation de mourir avec le mien.*

La fille de l'estimable Cazotte (*) l'arracha aussi aux égorgeurs des prisons. Comme ce trait a fait moins de bruit que l'autre, il n'est pas indifférent que j'en développe les circonstances.

Quelques jours avant le 2 septembre, mademoiselle Cazotte, mise à l'Abbaye avec son père, fut reconnue innocente ; mais elle ne voulut pas l'y laisser seul et sans secours ; elle obtint la faveur de rester auprès de lui. Arrivèrent ces journées effroyables qui furent les dernières de tant de Français. La veille, mademoiselle Cazotte, par le charme de sa figure, la pureté de son ame et la chaleur de ses discours, avait su intéresser des Marseillais entrés dans l'intérieur de l'Abbaye. Ce furent eux qui l'aidèrent à sauver Cazotte. Ce vieillard, condamné après trente heures de carnage, allait périr sous les coups d'un groupe d'assassins ; sa fille se jette entre eux et lui, échevelée, pâle, et plus belle encore de

(*) Auteur d'ouvrages fort ingénieux, tels qu'*Oli-vier*, *le Diable amoureux*, etc.

son désordre et de ses larmes. *Vous n'arri-*
verez à mon père, disait-elle, *qu'après*
m'avoir percé le cœur. Un cri de grâce se
fait entendre ; cent voix le répètent ; les
Marseillais ouvrent le passage à mademoiselle Cazotte qui emmène son père, et vient
le déposer dans le sein de sa famille ; cependant sa joie ne fut pas de longue durée.
Le 12 septembre, Cazotte est jeté une
seconde fois dans les fers. Sa fille se présente
à la Conciergerie avec lui ; la porte, ouverte
pour Cazotte, est refusée à sa fille avec
dureté : elle vole à la Commune et chez le
ministre de l'Intérieur, et à force de larmes
et de supplications, leur arrache la permission de servir son père. Elle passait les
jours et les nuits à ses côtés, et ne s'éloignait
de lui que pour intéresser ses juges en sa
faveur, ou pour disposer des moyens de
défense. Déjà elle s'était assurée de ces
mêmes Marseillais auxquels elle fut si re-
devable dans son premier danger ; déjà
elle avait rassemblé des femmes qui lui
avaient promis de la seconder : elle com-
mençait enfin à espérer, lorsqu'on vint

la mettre au secret. Son zèle s'était fait tellement redouter des adversaires de Cazotte,
qu'ils n'avaient trouvé que ce moyen pour
qu'il ne pût leur échapper une seconde fois.
En effet, en l'absence de sa fille, ils égor-
gèrent cet homme, qu'auraient dû faire
respecter son grand âge, ses talens et ce
spectacle effrayant de la mort qui, dans
les horreurs de septembre, avait plané trente
heures sur sa tête. Mademoiselle Cazotte
n'apprit qu'en devenant libre une perte
si cruelle; on conçoit l'étendue de sa douleur. Elle n'eut d'autre consolation que d'a-
doucir les chagrins de sa mère, et elle se
livre encore à ce devoir avec toute la délicatesse de sentimens dont la nature l'a
douée.

Ici finissent les notes de M. Legouvé.

NEUF THERMIDOR (*).

Enfin il y eut un terme aux horreurs qui désolaient la France depuis si long-temps. Le *neuf thermidor* renversa les échafauds, ouvrit les prisons, et fit périr les monstres, auteurs et complices de tant de crimes et de maux.

Le régime de la terreur cessa tout à coup. Une journée suffit pour un si grand événement ; et une *femme*, encore une (**) *femme*, fut en partie la cause de ce bonheur public.

Madame Cabarus, si long-temps connue sous le nom de madame Tallien, fut celle dont le courage doit trouver une place dans l'histoire de ces tristes événemens.

Robespierre, au faîte de la puissance, était secrètement tourmenté de la crainte

____

(*) J'atteste l'authenticité des faits et celle des lettres contenues dans cet article.

(**) *Dux fœmina facti.* VIRGIL.

que lui inspiraient plusieurs membres influens dans l'assemblée. Tallien était au
nombre de ceux que le despotisme de ce
monstre révoltait. Les choses en étaient
au point que, sous peu d'instans, il fallait
que le dictateur pérît, ou qu'il se défît de
ceux qui ne supportaient qu'impatiemment
son pouvoir, et qui semblaient cependant
obéir sans oser lui résister. Dans son délire
de proscription, il calculait avec effroi le
courage de Barras, l'éloquence brute, mais
entraînante de Legendre, l'adresse et la
popularité de Tallien. Madame Cabarus
était alors liée avec ce dernier. Robespierre
veut supposer une conjuration tramée à
Bordeaux, pour perdre Tallien. Un agent
de Robespierre vient à *Fontenay-aux-Roses*
proposer à madame Cabarus d'entrer dans cet
odieux projet : elle s'y refuse avec indignation. On la fait enfermer à Paris dans un
cachot ; et lorsque plusieurs jours écoulés
laissent croire que la faiblesse et l'effroi
ont abattu son courage, Robespierre lui
envoie le plus sanguinaire de ses suppôts.
Les verroux s'ouvrent ; ce vil messager

paraît ; il adresse ces mots à madame Cabarus, couchée sur la paille humide, et nour-
rie d'un pain noir qui la soutenait à peine.

    « Je viens t'apporter la mort ou la vie ;
» réfléchis bien avant de prendre le seul
» parti qui te reste pour échapper à l'écha-
» faud : c'est Robespierre lui-même qui
» m'envoie. La vie de Tallien est nuisible
» aux intérêts du peuple ; des raisons d'état
» forcent le comité à le proscrire ; signe (*)
» ce papier qui devient nécessaire à l'intérêt
» public. A l'instant, tu seras en liberté ;
» et, par cette soumission aux ordres que
» je t'apporte, tu sauves à la fois ton pays
» et toi.

    » Réfléchis bien, je te le répète : mon
» ordre porte, ou d'ouvrir ta prison, ou de
» te faire à l'instant conduire à l'échafaud. »

    » Retournez vers celui qui vous envoie,
» répondit madame Cabarus ; dites à Ro-

(*) C'était une lettre qu'on supposait qu'elle écrivait à Robespierre, dans laquelle elle se disculpait
de la conjuration à Bordeaux ; mais sa défense même
attestait l'existence de la conjuration.

» bespierre que du fond de ce cachot mon
» courage a plus de force que sa puissance.
» Il tremble sur son trône de fer, et je suis
» calme dans les chaînes ; jamais je n'ache-
» terai la vie par une bassesse. Partez, et
» délivrez-moi de votre présence. »

Le messager sortit furieux. A peine fut-
il parti, que madame Cabarus, sentant bien
qu'elle n'avait que quelques heures à vivre,
voulut en profiter pour prévenir Tallien du
sort qu'on lui destinait, et l'engager à faire
un dernier effort, afin d'arracher la France
aux mains sanguinaires qui l'opprimaient.
Il fallait écrire. Elle désespérait d'en trouver
les moyens. Le soir, on lui permettait de se
promener dans une cour intérieure. Elle réfléchissait tristement à son projet. Tout à
coup un tronçon de laitue, jeté par dessus
le mur, tombe à ses pieds. Par instinct, elle
le ramasse ; elle voit qu'il s'ouvre ; elle
court se renfermer, trouve dans ce débris un
papier qui l'assure qu'une personne dévouée
lui offre ses secours ; qu'elle aura, la nuit
même (*), du papier, de l'encre, et des

____

(*) C'était le 6 thermidor.

moyens de correspondre. Ce génie bienfaisant était une femme qui tint sa parole. Par elle, madame Cabarus écrivit la lettre suivante à Tallien :

« L'administrateur de police sort d'ici : » il vient de m'annoncer que je monterai » demain au tribunal, c'est-à-dire à l'écha» faud. Cela ressemble bien peu au rêve que » j'ai fait cette nuit......Robespierre n'exis» tait plus, et les prisons étaient ouvertes. » Un homme courageux suffirait peut-être » pour le réaliser ; mais grâce à votre in» signe lâcheté, il ne restera personne qui » puisse jouir d'un tel bienfait. Adieu. »

Ce peu de mots d'une femme courageuse ranime l'énergie de Tallien et de ses amis. Le 9 thermidor arriva.

Réponse de Tallien.

« Ayez autant de prudence que j'aurai de » courage, et surtout calmez votre tête. »

Certes, le service que madame Cabarus rendit alors ne fut qu'une cause indirecte de ce grand événement ; mais l'on n'en doit pas moins admirer sa présence d'esprit et son courage. Rappelons - nous toujours qu'ayant été sauvée par un miracle à cette époque, cette femme intéressante voua les plus belles années de sa vie à la bienfaisance.

Long-temps avant le 9 thermidor, elle exerça son empire sur les représentans du peuple à Bordeaux. Jamais l'esprit et la beauté n'eurent une plus heureuse influence. Elle obtint plusieurs fois la dissolution du comité révolutionnaire; et, n'ayant pu empêcher la férocité des lois de le rétablir, elle lui arracha un si grand nombre de victimes, que peu de familles à Bordeaux peuvent lui refuser un souvenir d'admiration et de reconnaissance. A Paris, une foule de personnes de tout sexe, de tout état, lui doivent leur liberté, leur fortune, leur vie. Je suis du nombre de ceux dont elle a brisé les fers. Je n'oserais douter que tous ceux qu'elle a sauvés à tant d'époques si difficiles, si périlleuses, aient été reconnaissans. Je les plains s'ils sont ingrats.

PRÉCIS DES MOEURS

Et de la condition des Femmes dans l'Europe moderne.

Sans être l'adulateur des femmes, je crois pouvoir dire qu'en Europe il y a peu de pays où je n'eusse trouvé à retracer l'histoire d'une femme célèbre ; mais, excepté Marguerite de Valdemar, Catherine II et Christine, reine de Suède, qui, par ses qualités, sa vie extraordinaire et son abdication de la couronne, mérite une place dans l'histoire, peu d'autres avaient une assez grande réputation pour figurer à côté d'Elisabeth et de Catherine Ire. Je me borne donc à considérer dans ce précis l'Europe moderne, sous le rapport du sexe dont j'écris l'histoire (*).

(*) C'est à M. Alexandre de la Borde que je dois les plus intéressans détails de ce chapitre. Ce jeune homme, plein d'esprit, d'instruction, de courage et d'activité, est connu dans la littérature par des productions d'un grand mérite.

Le sort des femmes devrait être le même dans les différens pays qui se trouvent au même degré de civilisation ; mais le caprice des hommes , la forme des gouvernemens , les lois influent nécessairement sur la condition de cette partie de la société. C'est surtout au plus ou moins de fortune indépendante dont jouissent les femmes , que tient leur existence ; et sous ce rapport les nuances sont infinies en Europe. Il est difficile d'en assigner les causes. Pourquoi en France les coutumes même étaient-elles si différentes , dans plusieurs provinces , pour le partage des successions entre les garçons et les filles ? Pourquoi l'Allemagne , la Pologne , la Russie diffèrent-elles autant sur la partie des biens qu'elles accordent aux femmes ? Pourquoi dans les divers états d'une même partie du monde, on voit d'un côté , les femmes être exclues du trône , et de l'autre s'y-placer à leur tour ? La fantaisie du plus fort est la seule raison qu'on puisse en donner. Je n'entreprendrai pas même de rechercher quel est le meilleur système ; je ne citerai que des exemples. Si partout on avait

éloigné les femmes de la souveraine puissance, Elisabeth, Jeanne de Naples, Christine, les deux Catherines, tant d'autres que
je pourrais citer, n'auraient pas brillé sur
le trône, n'auraient pas obtenu, du monde
entier et de leur patrie reconnaissante, le
titre de *grands hommes* (*).

Si le plus ou moins de fortune influe sur
l'existence des femmes, la forme des gouvernemens en décide encore davantage : les
républiques sont aussi contraires à l'ambi-
tion des femmes que les monarchies leur
sont favorables. On se rappelle le rôle imposant qu'elles ont joué dans les premiers
temps de la république romaine; mais les
mœurs étaient pures. Les femmes, si j'ose
le dire, étaient alors moins de leur sexe ;
elles parvenaient plus à s'illustrer par des
qualités empruntées aux hommes que par
leurs moyens habituels de séduction ; c'était
plus l'élévation de l'ame que les grâces du
corps, la solidité des sentimens que la

______

(*) *Rex fuit Elisabeth, fuit et Regina Jacobus.*
                                        Owen.

finesse

finesse de l'esprit qui leur valaient l'admiration. Ce succès est hors de nature ; il faut
que chaque sexe recueille le genre d'estime
qui lui convient ; et , si l'on cherche la force
stoïque , le sacrifice des sentimens naturels
au bien public , on doit plutôt l'attendre
du courage des hommes , que de celui d'un
sexe qui lui-même doit toujours craindre de
se trahir , et de mettre son cœur à la place
de sa raison.

En Suisse , à l'époque de Guillaume Tell ,
on a vu les femmes saisies , comme les hommes, de l'enthousiasme de la liberté ; mais
la simplicité de leurs mœurs les portait au
courage ; et l'amour pur qui les animait les
identifiait avec les passions de leurs époux.
Depuis que le calme fut rétabli dans leurs
montagnes , le peu de luxe et l'ignorance
des arts aimables laissèrent ce pays dans
une monotonie qui ne donne aux femmes
pour plaisirs que ceux qu'offre la nature ,
et pour occupation que leurs devoirs. Les
jeunes filles vivant entre elles , jouissant de
bonne heure d'une grande liberté, conser-
vent la pureté de leurs mœurs au milieu

III.   5

de leur indépendance. La certitude de ne s'unir qu'à celui que leur cœur choisira s'oppose à toute galanterie pour le présent, et à toute coquetterie dans l'avenir. Dans d'autres pays, tels que la France, par exemple, le roman de la vie d'une femme jolie, aimable, commence le jour de son mariage; celui d'une femme en Suisse a commencé dès cette première jeunesse, où elle cherchait avec soin l'être qui pouvait lui convenir. Quand, au bout de plusieurs années, elle a éprouvé le cœur de son amant, il ne lui reste plus après son mariage d'autre perspective que l'amour de son époux, de ses enfans, et l'assiduité dans son ménage. Voilà sa principale affaire; point d'intrigue pour les places, ni pour les rangs. Les lois sont fixes; un jour ressemble à l'autre. Les plaisirs y sont moins vifs et plus simples; les richesses moins brillantes et plus solides. Ce tableau donne moins l'idée du plaisir que celle du bonheur.

Quel contraste frappant présente l'Italie! On y voit tous les genres de sensations être le seul but d'un sexe, qui ne cherche sans

cesse qu'à goûter et inspirer la volupté.
L'amour, les spectacles, les arts, une existence oisive et molle : voilà l'emploi de la
vie de ce sexe voluptueux. Rien ne prouve
plus le consentement tacite des maris (*)
à la galanterie précoce des femmes, que ce
peuple de *sigisbés*, de cavaliers dévoués à
leurs ordres. A la vérité, ce *sigisbé* n'est
pas celui qu'elles traitent le mieux ; mais
sans cesse avec elles, il est du moins l'image de l'amant dont il est presque convenu
qu'elles ne peuvent se passer. Regardées, et
se donnant elles-mêmes pour de simples
parures de la société, elles doivent perdre
de leur considération ; comme elles dirigent plutôt leur finesse vers l'intrigue
amoureuse que vers les affaires , rarement
elles y ont part ; en un mot, leur rôle a plus
de charme que d'importance. Il faut cependant rendre justice à quelques femmes Italiennes, surtout à celles de Florence , de

---

(*) Souvent ce sont les maris qui choisissent eux-
mêmes ces sigisbés pour leurs femmes, la première
année de leur mariage.

5*

Sienne , de Rome même : elles sont instruites ; elles aiment les arts et la littérature.
Leurs inclinations s'épurent en même temps
que leurs goûts ; et leur société devient plus
agréable , sans que leur caractère national
perde ce qu'il a de piquant.

Avec plus de gravité , les Espagnoles ont
peut-être autant de galanterie. Plus réfléchies
que les Italiennes, le mystère qu'elles em-
ployaient autrefois pour leurs intrigues ,
le voile dont elles les couvraient, les rap-
prochaient plus de l'état naturel de leur
sexe , qui semble appelé à charmer par sa
modestie , à fixer par sa pudeur. D'ailleurs
l'Espagne était le berceau de l'ancienne
galanterie. Ne fût-ce que par les souvenirs ,
il reste toujours une sorte de déférence
plus apparente d'un sexe pour l'autre ; et ,
la vanité étant la base du caractère des
femmes, les pays où l'on compte le plus
avec elles , sont ceux où elles peuvent se
croire le plus heureuses. La jalousie même
des Espagnols est une espèce d'occupation
inspirée par les femmes , et qui leur a donné
long-temps de l'importance à leurs propres
yeux.

Dans quelque pays que ce soit , si ce sexe craint la persécution , il craint également l'oubli ; et peut-être préférerait-il un peu de tourment à l'humiliation de n'être compté pour rien. Si l'on en croit nos voyageurs , c'est surtout dans certaines provinces d'Espagne que l'on retrouve les traces de ses anciennes mœurs. Celles de Madrid sont plus relâchées , et ne rappellent que faiblement les souvenirs de la galanterie apportée par les Maures. Si les Italiennes ont un *sigisbé* , les Espagnoles ont un *cortéjo* , qui diffère du *sigisbé* , en ce que celui-ci n'est que l'homme dévoué aux soins , et non destiné aux faveurs , tandis que le *cortéjo* des Espagnoles est bien véritablement l'amant heureux. Tant qu'il règne , personne ne se présente , et , s'il est congédié , rarement sa place reste-t-elle long-temps vacante. Jusqu'à l'instant où les jeunes personnes sont mariées , elles vivent dans les couvens ou dans l'intérieur de leurs familles ; mais on assure que ces mêmes couvens ne sont pas exempts de quelques intrigues amoureuses , qui profanent leur enceinte sacrée.

L'amour et par conséquent la condition des femmes ont, en Espagne, trois époques distinctes. L'amour participa d'abord de cet esprit chevaleresque, qui précéda et suivit quelque temps les guerres contre les Maures et les fondemens de la monarchie espagnole. C'était alors que l'honneur, l'amour et la religion semblaient se disputer les belles actions, et se surpasser pour les produire. Plus délicats et plus désintéressés qu'aucun autre peuple, les Espagnols regardaient le courage comme le seul mérite, et les succès auprès des femmes comme le seul but ou la seule récompense digne du courage. C'est dans ce temps que l'on vit deux amans expirer ensemble du bonheur de se revoir après trois ans d'absence, et du regret de se séparer ; deux autres se précipiter du haut d'un rocher, pour ne pas se survivre l'un à l'autre. Je pourrais citer mille autres traits dont l'histoire d'Espagne est remplie. Le repos de la paix anéantit ces vertus guerrières, ces illusions brillantes. Le commerce et les richesses de l'Inde changèrent ces héros en flibustiers hardis, en aventuriers corrompus.

Les conquêtes que l'Espagne fit en Amérique dépravèrent les mœurs ; et celles qu'elle fit sur le continent changèrent les usages et affaiblirent le caractère national. A ces passions succéda une multitude d'intrigues , de ruses , où l'adresse italienne se remarquait plus que l'honneur et l'amour castillan. Ce temps est parfaitement peint dans les comédies de *Lopes de Vega ,* *Calderon* et dans les nouvelles de *Cervantes.* De là les sérénades , les enlèvemens , les duegnes , les jaloux , toutes choses dont il n'existe plus en Espagne que le souvenir : l'amour semblait dégénérer , à mesure que la civilisation se perfectionnait ; il avait été une folie ; il devenait un calcul , et c'est à peu près ce qu'il est à présent. Quelques années après son mariage , une jeune femme , ordinairement assez ignorante , a besoin d'aller dans le monde , de se trouver aux courses de taureaux , aux assemblées ; elle veut , pour l'y accompagner , un homme qui lui plaise , et souvent , sans l'aimer beaucoup d'abord , elle s'attache à lui , de peur qu'il ne s'attache à une autre ; c'est le *cortéjo* dont je parlais tout-à-l'heure. Cet homme, quelquefois ami du mari, avec plus de liberté dans la maison, étant moins sujet à en troubler l'ordre, se trouve plus commode pour la femme, et est préféré à un étranger, ou à un autre qui n'aurait pas les mêmes avantages. C'est presque toujours un officier ou un moine, par la facilité qu'ils ont tous les deux de s'introduire dans la maison, et parce qu'également oisifs, ils sont plus *sous la main*, et que l'on peut en disposer plus aisément. Les moines ont cependant perdu beaucoup de leur influence, et ne réussissent plus que près des femmes âgées. Les liaisons en Espagne durent fort long-temps, et prennent sur-le-champ un caractère authentique et respecté. Lorsque deux amans se brouillent, les parens, les amis s'empressent de les raccommoder ; le monde même s'y intéresse. Il semble que cette nouvelle union qu'il a vu commencer soit un contrat dont il a été le témoin, et qu'il désire maintenir bien plus que celui du mariage, pour lequel il n'a pas été consulté. Aussi un homme

qui se conduit mal envers une femme trop
tôt infidèle, ou qui la rend malheureuse,
trouve difficilement à se replacer auprès
d'une autre. Il en est de même des femmes
que l'on n'estime qu'en raison de leur
conduite en amour. Rien n'est si rare
que ce que nous appelons une femme coquette ; elle pourrait tromper un homme,
mais elle n'en tromperait qu'un ; elle exci-
terait un soulèvement général. C'est ce qui
fait que les étrangers et les Français surtout,
qui ont un si grand succès dans les pays
du Nord et dans quelques parties d'Allemagne, n'en ont aucun en Espagne, à moins
qu'ils ne sachent bien la langue, et ne se
conforment aux usages du pays. Au reste,
je le répète, ce n'est ni à Madrid ni dans
quelques ports de mer, où les mœurs et les
modes étrangères se sont introduites, que
l'on peut juger de ces usages, mais dans
les villes de l'intérieur, telles que Valence,
Grenade, Tolède, Séville.

Remarquons un contraste assez frappant
entre la Suisse et l'Espagne. Ici l'innocence
est enfermée, là elle est livrée à elle-même.

On voit les jeunes personnes, en Helvétie et à Genève, préserver leur pureté avec une liberté presque illimitée, et la confiance qu'on leur accorde devenir souvent un plus grand obstacle à vaincre que les murs élevés et les grilles de fer des couvens espagnols. Au reste, tout système d'éducation peut se soutenir ; l'importance, sous ce rapport, tient, je pense, à la direction que l'on sait donner aux mœurs. Pour moi, je croirai toujours que les jeunes personnes, jusqu'à l'instant où elles ont un guide et un époux, ne doivent pas être livrées aux dangers de la société, qu'elles ne peuvent pas connaître, et que leur existence de filles et de femmes doit être entièrement différente.

Si l'Espagne comme la France ne permet pas aux femmes d'hériter du trône, on les voit dans le royaume voisin, en Portugal, tenir le sceptre, et par l'esprit des lois, lors même qu'elles se marient, accorder à peine le titre de roi à leur époux, qui n'est roi que de nom, sans exercer aucun pouvoir. Par une autre bizarrerie, dans ce même pays où les femmes règnent, les époux, dans leur intérieur, ont un pouvoir absolu sur leurs femmes. Toutes les sortes de prérogatives sont attribuées au mari, qui commande en maître. Tout dans la société se ressent de l'état secondaire des femmes, et dans quelques familles, non à Lisbonne, mais dans les provinces qui gardent toute la rigueur de leurs anciens usages, un étranger ne pourrait leur adresser la parole sans la permission du mari. Elles sont même presque forcées de sortir de la chambre lorsqu'un homme y entre, et qu'il n'est pas amené par le maître de la maison. Malgré toutes ces précautions, en Portugal comme en Espagne, les intrigues amoureuses sont aussi communes qu'autre part. A certaine époque de l'année une femme vient confesser sa faiblesse à son directeur; il en résulte une sainte réprimande, l'ordre de rompre avec son amant. Elle le quitte huit jours, reçoit l'absolution, approche de l'autel, et peu de jours après, s'en éloigne pour se rapprocher de son amant. Ainsi donc, adorée et adorant tour à tour, elle passe sa vie à brûler l'encens sacré et à s'enivrer du profane. Seulement le temps qu'elle destine à la créature est bien plus long que celui qu'elle donne au Créateur.

Que le voyageur sorte de Lisbonne, et que les flots le portent à Constantinople ; là, les femmes sont, ou enchaînées dans les sérails pour leur vie, ou renfermées dans leur intérieur. Elles ne paraissent en public que voilées ; elles ne peuvent jouir de leur liberté qu'en se livrant à l'état vil de femmes prostituées.

Quoique l'Allemagne soit divisée en plusieurs parties et en plusieurs états souvent ennemis, la condition et le caractère des femmes s'y ressemblent pourtant beaucoup, puisqu'elles sont toutes formées plus ou moins par les écrits, qui sont les mêmes, et par une éducation analogue. Je ne parlerai ici que de la classe la plus distinguée, et qui peut seule avoir le nom de *bonne compagnie*, quoique l'autre renferme beaucoup d'esprit et d'agrémens, surtout dans les villes commerçantes. Les Allemandes sont généralement moins sensibles que les Françaises, plus passionnées, moins aimables ;

elles ont plus de sagacité pour reconnaître
les qualités du cœur, que d'adresse à dis-
cerner celles de l'esprit. Souvent on peut
leur plaire autant par de bonnes que par de
belles actions ; elles ont une manière simple
d'aimer, qui fait qu'on les séduit avec du
naturel et de la simplicité ; froides au premier
abord, elles s'attachent à mesure qu'elles découvrent en vous les qualités solides et vraies
qu'elles ont en elles. Pour elles, c'est peu que
ce premier coup-d'œil qui a tant de pouvoir
sur les imaginations vives des Polonaises et des
Italiennes ; l'habitude attache les Allemandes
plus que la figure, et le mérite plus que
l'esprit ; elles sont le juste intermédiaire
entre les Françaises et les Anglaises. Moins
réservées que celles-ci, moins attachées à
leurs devoirs domestiques, elles sont aussi
moins légères que les Françaises, et moins
avides de louanges et de succès. Le système
féodal, qui se conserve encore en Allemagne,
donne aux femmes une grande influence.
Quoiqu'il ne leur assigne aucune fortune,
elles sont presque toutes à la tête de petites
principautés et de propriétés suzeraines,

où elles ont beaucoup de représentation à la
place de leurs maris , qui, ordinairement
occupés à la chasse, aux jeux, vivent avec
quelque complaisant subalterne. Les femmes
se trouvent alors chargées d'exercer la bienfaisance, de recevoir la société, et de faire
les honneurs de leurs maisons ; toutes choses
où l'amour-propre et la vanité les distraient
beaucoup de l'amour. C'est ce que l'on remarque dans la plus grande partie des femmes de l'Empire , qui en général ont plus
d'esprit et d'instruction que celles des pays
de l'empereur. Vienne seule renferme peut-
être les femmes qui réunissent le plus de
qualités. Parmi plusieurs sociétés nombreuses, on en remarque une composée de femmes
distinguées par leur naissance, leur richesse
et leur beauté. Elles rassemblent autour
d'elles les gens les plus marquans , non
point par leurs titres, ni par leurs richesses,
mais par leur mérite et les services rendus
à l'état. On ne peut être admis dans leur
société, si l'on est un homme médiocre. La
lecture des romans de chevalerie, qui sont
encore fort à la mode en Allemagne, et les

différentes guerres que ce pays a eu à soutenir, ont servi à encourager ces idées libérales ; et il n'est aucun lieu en Europe où les
sentimens d'honneur soient aussi parfaitement conservés. On retrouve au milieu de
l'Allemagne toute la délicatesse, la galanterie des beaux temps de la France. Les personnes de cette société n'ont point passé,
ainsi que presque tous les étrangers, d'une
haine exagérée contre leurs ennemis, à une
admiration plus exagérée encore. Elles n'ont
pas voulu détruire la France ; elles ne veulent pas l'encenser. Tranquilles dans leurs
principes comme dans leurs sentimens, fi-
dèles à tous les deux, elles ont conservé
leurs amis, leur manière de vivre, et sont
tous les jours plus attachantes et plus ai-
mées.

La Prusse est encore une preuve de la facilité avec laquelle les femmes saisissent
tous les différens genres que leur présentent
les mœurs, les usages et la tendance des
esprits. Leur adresse se montre dans le
parti qu'elles savent en tirer pour leur existence. L'esprit du grand Frédéric a laissé

dans ce royaume cette teinte guerrière et
cette philosophie qui étaient le caractère distinctif de son gouvernement. Comme il y
avait en lui un grand amour de pouvoir et
de grands moyens de le soutenir , sa puissance devenait le contre-poids de sa philosophie ; mais ses successeurs moins grands ,
moins victorieux, ont laissé plus d'empire
aux idées libérales qui se sont étendues. Les
femmes , toujours en accord avec l'esprit du
moment, ont cultivé les sciences et les lettres. Peu d'entre elles s'y sont assez distinguées, pour s'y faire un nom ; mais l'ensemble a de l'instruction , peut-être un peu de
pédanterie : elles ne savent pas assez que
l'esprit des universités a de la peine à remplacer la grâce , la légèreté, la finesse et
l'élégance qui sont la véritable parure de
leur sexe. Dans un pays guerrier, où les
hommes sont sans cesse dans les camps ,
dans les garnisons, où la première existence
est d'être militaire, il reste peu de temps
pour la galanterie. Cependant, sans la comparer à celle de l'Espagne et de l'Italie ,
elle existe à Berlin ; il n'est point de lieux ,

de climats où l'amour n'exerce son empire.
S'il se cache sous le manteau d'un Espagnol,
le casque d'un Prussien ne l'effraie pas ; et
même au milieu du fracas des armes, il
soumet la pruderie de la Prussienne , comme
il enflamme l'Italienne voluptueuse. Partout
le but est le même, les différences n'existent que dans les routes, les moyens et les
temps. Quelques observateurs prétendent
qu'au milieu de ce goût pour les sciences ,
de cette apparence de pédantisme imposant,
les femmes , en Prusse , ne sont pas insensibles à l'attrait des offrandes. Ce contraste
est assez piquant. Au reste , il n'est pas
difficile à croire ; et , dans la France même ,
nous avons vu les principes de la philosophie nouvelle allier l'amour de la simplicité
avec celui des richesses, et quelques femmes,
soit par goût, soit par soumission, recevoir
presque autant de dons de leurs amans ,
qu'elles en avaient reçu de la nature. L'on
doit remarquer aussi que la Prusse n'est pas
riche. Un pays pauvre est toujours contraire
à l'existence des femmes , surtout lorsqu'il
est monarchique. L'espèce de pompe qu'exige

le trône rend nécessaire la magnificence de
ses entours. Ce désir continuel et cette im-
puissance de briller désolent ce sexe qui doit
plaire sans efforts, se parer sans peine et
sans réflexion. Une femme n'a-t-elle que le
moyen passager de s'entourer d'éclat, c'est
sans goût, sans charme que les bijoux se
placent autour d'elle ; sa pénible parure se
ressent du tourment qu'elle eut pour se la
procurer, et de la crainte ignoble de la
faner ou de la perdre. Pour que le brillant
réponde chez les femmes à la pompe du
trône, il ne faut rien moins que la magnificence qu'elles montraient dans le siècle de
Louis XIV ; mais dans une république, il
faut la modeste simplicité de la Suisse. D'un
côté ce sexe aimable est en rapport avec l'art ;
de l'autre il l'est avec la nature ; et, lorsque chaque chose est à sa place, la simple
bergère des Alpes cueille avec la même facilité, dans la prairie, les fleurs abon-
dantes et fraîches dont elle couronne sa tête
pour plaire à son amant, que l'élégante et
sensible la Vallière trouvait sur sa toilette
les pierreries rares et brillantes qu'elle op-

posait à l'éclat de son teint, pour charmer les regards de Louis.

Si Berlin offre le tableau d'une société de femmes scientifiques, raisonneuses et peut-être pédantes, en Pologne, au contraire, toute la coquetterie, l'amabilité française, se retrouvent : il semble que, par les manières, les formes et l'élégance, la nature ait voulu mettre une affinité marquée entre deux nations aussi éloignées l'une de l'autre. Les Polonaises parlent très-bien le français ; leurs mœurs, leur goût pour la société, pour les productions aimables de l'esprit, les rapprochent encore des Françaises.

La Pologne a été conduite à sa destruction par des chances politiques, et par les vacillations d'un gouvernement instable qui a peu fourni d'occasions aux femmes d'influer sur les affaires. L'extrême magnificence des grands seigneurs donnait à ce sexe l'existence brillante qui seule lui convient. En changeant de sort, elles n'ont point changé de caractère ; et soit qu'elles restent dans leur patrie divisée, soit qu'elles voyagent, elles portent partout ce désir de plaire, ce charme attirant, cet esprit fin ; ce mélange de dignité et de grâces voluptueuses auquel on résiste peu. On assure que la pruderie des dames russes leur fait juger sévèrement les Polonaises ; qu'elles appellent légèreté le mouvement aimable que celles-ci répandent dans la société. Ce jugement prouve plus l'injustice des unes que les torts des autres. En Russie, les femmes, naturellement graves, ont un flegme apparent qui donne à leurs formes sociales une sorte de roideur opposée aux grâces des Polonaises. Les Russes sont moins vives, moins coquettes, mais la galanterie n'est cependant pas plus bannie de Pétersbourg que de Varsovie. Seulement, le premier attrait est caché avec plus de calcul, les soins sont rendus avec plus de mystère, et le bonheur est couvert d'un voile moins léger. Ces nuances tiennent à leur caractère et à l'éducation. Peut-être aussi les femmes, fières d'occuper le trône à leur tour, de compter parmi elles une Elisabeth et deux Catherines, ont-elles pris naturellement une dignité convenable à leur condition dans l'état. Chargées de tous les détails intérieurs de leurs maisons, de l'éducation de leurs enfans à laquelle elles président jusqu'à un certain âge, réglant tout, excepté leurs terres dont leurs maris s'occupent ; en un mot, tout reposant sur elles, il en résulte une consistance naturelle qui les agrandit à leurs propres yeux, et donne au maintien de quelques-unes la fierté de leur position.

Comment ne pas observer, dans les nuances infinies qui diversifient les femmes en Europe, à quel point ce sexe mobile est propre à modifier son caractère, et même ses passions, d'après les usages et les lois ? Ces différences sont moins frappantes dans notre sexe que dans le leur.

Peut-être, dans aucun pays, la condition et le caractère des femmes ne se sont-ils ressentis de l'influence des mœurs et du gouvernement autant qu'en Angleterre. Dans cette monarchie limitée, qui réunit la nécessité du trône et la passion raisonnée de la liberté, le véritable goût des arts, celui de la magnificence, et surtout cet amour vrai de la patrie qui attache un Anglais aux affaires publiques préférablement aux siennes propres, les femmes ont dû avoir beaucoup d'importance dans leur intérieur et fort peu dans la société, ainsi que dans les intrigues politiques. Ce sont les grandes villes qui perdent les mœurs des femmes : une Anglaise, passant presque toute sa vie dans ses terres, occupée de sa maison, de sa famille, aimant l'époux qu'elle a choisi, a peu d'occasions d'être séduite, et d'inspirer d'autre sentiment que celui de l'estime qu'elle acquiert par l'habitude de ses devoirs. Chez les hommes, chez les femmes, les divers buts de la vie influent sur le caractère, les formes, les goûts et la pensée. Qu'un Anglais soit marin ou commerçant, membre du parlement ou simple cultivateur de ses terres, il peut varier dans le genre de ses intérêts ; mais il en est un auquel tous les autres se rattachent ; c'est cette occupation principale de la chose publique ; la raison en est simple. Dans la parfaite combinaison du gouvernement, le commerçant tient au marin, le marin au commerçant, l'artiste au pair du royaume, le fermier au propriétaire : un membre de l'opposition tient au roi autant qu'un homme du parti ministériel ; en un mot, tout s'enchaîne, et nulle partie de ce bel ensemble ne peut souffrir ou prospérer, que tout ne prospère et ne souffre ; et par là même, chacun s'intéresse avec suite aux opérations de l'état. Sous un certain rapport, tous les intérieurs des familles doivent être à peu près les mêmes. Chez le grand seigneur, comme chez l'artisan; chez le propriétaire, comme chez le fermier ; dans les comptoirs de banques, comme dans les maisons des militaires, tout pense, calcule, réfléchit, et s'occupe plus habituellement de détails sérieux que de galanterie et de ces futilités aimables qui plaisent trop aux femmes pour ne pas les séduire, ou du moins pour ne pas les distraire de leurs devoirs. En France, dans l'ancien régime, la paix se faisait-elle après une longue guerre, tout revenait à la stagnation, au désœuvrement. La nullité d'intérêt sur les choses publiques auxquelles le gouvernement seul avait rapport, livrait les hommes et les femmes au mouvement des passions, à la distraction des plaisirs. De là, la galanterie, le désir, le besoin de plaire et de séduire. Les femmes passant leur vie, non dans leurs terres, mais à la ville et à la cour, se mêlaient d'intrigues pour de petites places qu'elles faisaient obtenir par leur crédit, d'où elles tiraient une sorte d'importance.

En Angleterre, au contraire, en paix comme en guerre, jamais l'esprit public ne laisse un instant l'esprit national s'éteindre ; les mœurs s'en ressentent, et les femmes, livrées à leur véritable destination, font plus pour le bonheur et moins pour les plaisirs. Il paraît que, depuis quelques années, il s'est fait un changement dans la manière de vivre : on passe plus de temps à Londres que dans les terres. La galanterie semble insensiblement s'établir. Un plus long séjour dans la capitale doit nécessairement conduire au relâchement des mœurs. Mais dans un pays où les affaires publiques occupent tout, où l'Anglais le plus amoureux n'oublie pas le parlement aux pieds de sa maîtresse, où son goût pour l'aisance et

pour

pour la commodité le porte à renvoyer les
femmes au dessert, afin de rester long-
temps à table entre hommes ; dans un pays
où un sexe si aimable est plus estimé qu'a-
doré, ce sexe n'aura jamais une grande influence ; et même, en ce moment où les
femmes françaises ont tant perdu de leur
empire sous le rapport de l'amour-propre
et des plaisirs, il sera toujours préférable
pour une femme de naître à Paris qu'à Londres, où le sort de ce sexe ne s'améliore
qu'en se rapprochant de nos mœurs.

Convenons-en, les femmes anglaises vivent à peu près comme les femmes turques,
à l'exception des clôtures et des gardiens.
Sans être aussi surveillées, elles ne sont
pas moins contraintes. Quelque supériorité
qu'elles se sentent sur leurs maris, elles
sont obligées de les respecter et de les craindre ; ce qui fait qu'elles prennent le parti
de s'en faire aimer pour se tirer d'affaire.
C'est aussi la leçon qu'elles donnent à leurs
enfans, et l'on peut remarquer que c'est
plutôt en elles un conseil qu'un principe,
et qu'elles le leur recommandent plutôt

III.   6

comme calcul que comme devoir. En effet,
elles ne peuvent parvenir à commander
qu'en obéissant ; et lorsque l'on vous dit
qu'une femme, en Angleterre, est plus heureuse que dans d'autres pays, c'est comme
si l'on disait qu'elle est plus préparée par
l'éducation à jouir davantage qu'une autre
femme d'un bonheur médiocre. Le seul dé-
dommagement qu'elles aient de tant de pri-
vations, c'est la considération dont elles
jouissent. Mais aussitôt qu'elles commettent
la moindre faute apparente, et qu'elles sont
moins bien vues dans le monde, elles la
commettent alors toute entière, et devant
perdre d'un côté, pour ne pas être tout-à-
fait heureuses de l'autre, elles aiment mieux
opter que de concilier tous les deux. Rien
n'est si rare que ces intrigues long-temps
secrètes, et qui cessent souvent avant d'a-
voir été connues ; ce qui pourrait cependant
se voir en France, si les femmes étaient
moins légères et les hommes moins indis-
crets. D'après les mœurs anglaises, cela
devrait arriver souvent, et cependant on en
remarque peu d'exemples ; la contrainte les

fait bientôt éclater. Une femme fait tout ce qu'elle peut pour résister ; elle sait que le bonheur de toute sa vie tient à refuser le bonheur d'un moment. Mais quand tous ses efforts ont été superflus, elle s'abandonne au sentiment sans lequel elle ne peut plus vivre, et renonce au monde qu'elle ne peut plus ménager. Il est rare que, lorsque l'amour a été cause d'une pareille démarche, l'homme qui l'a fait commettre ne s'empresse de la réparer et n'épouse la femme qu'il a séduite, et qui, sans lui, serait toujours malheureuse. Ils vont alors vivre ensemble à la campagne et se tenir lieu de tout. C'est ce qui arriva à M. de Biron. Une personne à laquelle il avait cherché à plaire lui avoua, après quelque temps, qu'elle ne pouvait plus lui résister, et lui fit la proposition de s'enfuir avec lui dans un village d'Ecosse, pour y vivre heureux le reste de leurs jours. Il eut toutes les peines du monde à éviter cet excès de bonheur.

Il me reste à parler des peuples du Nord. Chez eux, dans les temps les plus reculés, le sort des femmes paraît avoir été beau-

coup plus doux que dans les autres pays.
En Suède, elles ont toujours joui de la plus
grande considération. Autrefois même leurs
faveurs paraissaient être la seule récompense digne de la valeur.

Les mœurs s'étant policées, leur sort n'a
pu qu'y gagner. Comme les couvens n'y
sont pas connus, les jeunes Suédoises sont
communément élevées sous les yeux de leurs
parens, soit par une gouvernante française,
soit par une autre qui sait cette langue.
Quelques pensions s'y sont formées; mais
les premières familles en font peu d'usage,
et lorsqu'elles y placent de jeunes personnes, elles les en retirent de bonne heure
pour les élever sous leurs yeux. Habituées
de bonne heure au monde par ce moyen,
vivant avec décence, mais avec liberté au
milieu des jeunes gens de leur état, c'est
toujours leur inclination qui décide de leur
mariage.

Chez le peuple même, la simplicité des
mœurs produit toujours de bons ménages.
Les femmes dirigeant toute l'économie domestique, on y voit rarement de ces rixes

assez communes chez d'autres peuples, qui finissent par diviser les familles. Au reste, je ne m'arrête point sur cette réflexion ; quand on observe dans quelque pays que ce soit, ce n'est jamais la dernière classe de la société qu'il faut regarder. Les mœurs n'existent qu'où l'éducation commence.

Sous Gustave, dernier roi de Suède, assassiné au milieu de sa cour, les mœurs prirent une teinte chevaleresque qui tenait plus au goût particulier de ce monarque qu'au véritable caractère de la nation. Il voulut mêler à la simplicité suédoise une sorte d'élégance française que le climat semble repousser, et à laquelle la pauvreté du pays ne convenait nullement. En effet, il y avait une contradiction manifeste entre ce désir d'élégance et la rigueur des lois qui bannissaient le luxe, et défendaient de porter de l'or et de l'argent sur les habits. Les intentions brillantes de Gustave appelaient une magnificence commandée par ces mœurs nouvelles, et défendue par la sagesse des lois. Les femmes, qui dans tout le Nord, ont un désir de parure au moins égal à celui

de nos Françaises, cherchèrent à faire oublier, par la grâce des formes et le goût des
habits, l'absence forcée de la magnificence.
Mais c'est là le cas de rappeler ce que j'ai
dit plus haut : l'extrême simplicité dans
l'élégance même n'appartient qu'aux campagnes ; le trône et la cour veulent être en-
tourés d'éclat.

Pendant le règne trop court de Gustave,
la galanterie sembla s'introduire ; mais ce
goût d'héroïsme, de chevalerie, ces bals, ces
tournois, tout ce cadre aimable dans lequel
les femmes se plaisent parce qu'il leur sied
si bien, semblait n'exister que par la main
qui l'avait placé. Il se brisa à la mort du
monarque le plus regrettable. Comme il ne
tenait pas essentiellement aux mœurs, au
goût du pays, ces débris se dispersèrent
promptement sans pouvoir se réunir ; et,
comme ces plantes étrangères et transportées
loin de leur sol naturel, qui périssent aisément, tout ce beau prestige s'éteignit, et ne
laissa que d'aimables souvenirs.

Exceptez-en quelques circonstances ; les
femmes, qui cependant ne sont point exclues

du trône, ont eu fort peu d'influence en Suède sur les intérêts politiques. C'est ici le cas de rapporter le peu de mots de Charles XI à sa femme qui voulut se mêler des affaires de sa cour : « Nous vous avons prise, lui » dit-il, pour faire des enfans, et non pas pour » gouverner. » — Du reste, il l'aima, la traita très-bien, et en eut beaucoup d'enfans.

Depuis la mort de Gustave, les Suédoises sont rentrées dans une situation analogue à leur caractère primitif, et qui se ressent un peu de la teinte passagère que ce prince leur avait communiquée. Aimables, polies, aimant la lecture, l'instruction, sans se livrer au goût d'écrire, qui, chez une femme, passe à Stockholm pour un ridicule, elles jettent dans le commerce de la vie le charme que l'on doit attendre d'elles.

Partout il y a une immense différence des mœurs de la capitale à celles des provinces. Ainsi, dans le nord de la Suède particulièrement, il existe des usages que je ferai connaître par quelques notes ; mais il y a surtout une douceur, une hospitalité que je vais chercher à fixer dans la mémoire de mes lecteurs, par une nouvelle qui terminera cet ouvrage.

. En finissant ce précis, je crois devoir placer ici la lettre d'un homme de mes amis, qui avait pris, pour l'objet principal de ses voyages, l'occupation piquante d'observer les femmes des différens pays où il avait passé, et de les comparer entre elles. Quoiqu'elle répète quelques détails que je viens d'offrir au lecteur, je crois devoir la publier telle que je l'ai reçue : elle sort d'une plume véridique, et peut-être les différens avis des voyageurs sur le même sujet sont-ils intéressans à comparer.

« Me voilà presque à la fin de ma tournée
» d'Europe, mon ami. Vous savez quel
» était l'intérêt principal qui me condui-
» sait. Après avoir bien examiné les femmes
» de tous les pays, je finis par conclure
» qu'à quelques nuances près, qui tiennent
» aux lois, aux usages de leur patrie,
» elles sont partout les mêmes. Autant
» les hommes diffèrent entre eux, autant
» les femmes se ressemblent. Certes, rien

» n'est plus opposé qu'un Anglais et un
» Italien , tandis qu'une Italienne et une
» Anglaise , bien qu'elles diffèrent , se
» rapprochent mille fois davantage. D'abord
» dans les qualités essentielles, vous trou-
» vez chez les femmes de différentes con-
» trées des points de ressemblance presque
» généraux. Humanité , patience , tendre
» pitié, douceur, courage , inspirés par
» le sentiment dans les grandes circons-
» tances : voilà de ces vertus que l'on est
» sûr de rencontrer partout chez les femmes.
» C'est plutôt dans leurs différences que
» dans leurs qualités, qu'elles varient entre
» elles. La raison en est simple. Leurs
» qualités leur viennent de la nature ; leurs
» défauts sont communément le fruit des
» vices d'éducation, des lois , des usages ;
» c'est plutôt à nous qu'à elles qu'il faut
» nous en prendre , puisque les hommes gou-
» vernent ; ainsi, l'Angleterre étant mieux ré-
» gie que l'Italie, les femmes y valent mieux ;
» mais quelle que soit l'influence du gou-
» vernement , vous êtes sûr de trouver dans
» une Italienne , comme dans une Anglaise ,

6**

» les qualités principales qui sont le carac-
» tère distinctif de son sexe. C'est par la
» douceur naturelle des femmes et l'habi-
» tude de soumission dans laquelle elles
» vivent, que les lois, les préjugés et les
» coutumes ont partout autant d'influence
» sur elles. Elles rappellent à nos regards
» ces marbres purs, qui sortent de la terre,
» pour prendre les formes que nous vou-
» lons leur donner. Le ciseau d'un artiste
» maladroit peut en faire un mauvais usage,
» sans avoir le pouvoir d'altérer les qualités
» qui leur sont propres. Les femmes sont
» donc partout, en quelque sorte, ce que
» nous les faisons. Sous ce rapport, rien
» ne les distingue dans les pays que j'ai
» parcourus; cependant, en les observant
» avec une attention suivie, j'ai cru remar-
» quer que les gouvernemens avaient plus
» d'action sur elles que le caractère des
» hommes.

» Dans la France seule, où la société
» est un art, il s'est fait un tel amalgame
» de l'esprit, des goûts et des passions
» des hommes et des femmes, que le ca-

» ractère des hommes agit directement sur
» elles.

» Un Anglais, par ses habitudes, par
» son goût pour les affaires, a soumis sa
» femme aux détails sérieux de la direction
» de son ménage, et par là, il a donné plus
» de gravité apparente à ses formes. Plus
» penseur que dissertant, surtout avec les
» femmes, il a établi entre son épouse
» et lui plus de rapports de puissance que
» de tendresse, plus d'abandon que de
» confiance, plus de passion secrète que
» d'union de pensées, d'attrait et d'opinion.

» En France, au contraire, où le carac-
» tère plus léger des hommes les porte
» à réfléchir presque tout haut sur leurs
» projets, même devant ceux qui dépendent
» d'eux, un époux, par le besoin continuel
» de communiquer ses idées, d'en recevoir
» d'autres, d'en faire un échange perpé-
» tuel, identifie sa femme, sans le vouloir,
» à tout ce qu'il pense. Son but est bien
» de commander, d'être le maître ; mais
» il a mis l'esclave dans sa confidence.
» Soit qu'elle soit du même avis, soit qu'elle

» s'y trouve opposée , elle est dans son
» secret. S'aiment-ils tous deux ; l'union de
» leurs ames , de leurs pensées est parfaite.
» Ne s'aiment-ils pas , il y a eu au moins une
» communication d'idées qui ressemble à la
» confiance. Ce n'est point cette séparation
» morale de l'esclave au maître , que l'An-
» glais établit. Le Français avertit sa com-
» pagne de sa puissance , la discute avec
» elle ; par ce moyen , il peut l'altérer
» sans doute ; du moins , elle s'établit avec
» plus de forme. Il en est de même des
» opinions de tout genre. En France , il
» existe entre les deux sexes une commu-
» nication habituelle. Aussi les femmes par-
» lent , réfléchissent , décident de tout ,
» des choses les plus frivoles comme des
» plus importantes. Elles sont plus asso-
» ciées à la pensée des hommes, qui finissent
» toujours par faire les lois de leurs mai-
» sons ; mais , comme ce n'est que par le
» souvenir de la force qu'ils y parviennent,
» l'instant de lutte renouvelée, qui s'établit
» sans cesse entre les deux sexes , laisse
» à l'esprit des femmes l'empreinte du ca-

» ractère que les hommes leur ont com-
» muniqué. Je le répète, ce n'est qu'en
» France que cette réaction se remarque,
» parce qu'il n'existe aucun point d'isole-
» ment entre les hommes et les femmes,
» tandis qu'autre part, et surtout en An-
» gleterre, il y en a mille. De plus, en
» France, les femmes étant les arbitres de
» la mode, les usages leur sont presque
» soumis, et l'on a vu souvent avoir recours
» à elles dans des temps de crises comme
» *la Fronde*, pour faire recevoir des choses
» que la puissance ne pouvait établir. Dans
» tous les temps, les femmes ont suivi
» en France l'impulsion donnée par les
» hommes, de s'identifier avec leurs systèmes
» comme avec leurs passions. Elles ne s'amu-
» sent pas plus des affaires que des plaisirs,
» et si elles ont besoin d'être mêlées à tout,
» les hommes ont la même impossibilité de
» se passer d'elles.

» Voilà ce que l'on ne remarque dans
» aucun autre pays de l'Europe, même
» dans ceux où elles montent sur le trône
» à leur tour.

» Il est encore un autre pays distingué
» par une nuance particulière ; c'est la Po-
» logne. Là, les femmes conduites par une
» volupté plus raffinée, plus aimable qu'en
» Italie, sont bien forcées d'avoir les hom-
» mes pour but de leurs séductions ; mais
» moins soumises que partout ailleurs, soit
» à raison de leurs richesses, soit par le
» propre de leur caractère, elles ont un
» rôle plus indépendant, une existence
» personnelle qui tient à leur charme par-
» ticulier. Elles ont, en général, de la grâce
» et de l'imagination : la grâce captive d'a-
» bord, et l'imagination fait faire ensuite
» aux têtes qu'elles embrâsent, tout le
» chemin qu'elles veulent. Une étincelle de
» ce don céleste est venue tomber sur leur
» froide patrie, et la plus charmante partie
» des habitans s'en est emparée. En Po-
» logne, il n'y a point de poètes, il n'y a
» point d'artistes ; mais il y a des femmes
» qui rêvent aux arts, qui chantent avec
» une voix charmante les stances du Tasse,
» et qui récitent les vers de Delille. Elles
» se sont dit que l'amour était pour les

» femmes ce que la gloire était pour les
» hommes. Se faire aimer est leur plus
» doux penchant et le premier besoin de
» leur vie. C'est plutôt de l'enivrement
» qu'elles inspirent que de vrais sentimens.
» Le privilége d'allumer de grandes pas-
» sions n'appartient qu'aux ames fortes qui
» peuvent donner tout ce qu'elles peuvent
» recevoir. Cette véritable passion, dont il
» court tant de parodies dans la société, ap-
» partient à tous les pays, et peut se trouver
» dans tous les climats; mais elle n'est
» sentie que par les ames nées avec une
» sensibilité exquise, susceptibles d'enthou-
» siasme et de profondes émotions. Les
» femmes qui n'ont que de la grâce, de
» l'eprit, quelques charmes et de la coquet-
» terie, inspirent des goûts qui prennent
» la couleur de l'amour, et qui s'effacent
» aussi rapidement que les fleurs éphémè-
» res. Quant aux femmes à imagination,
» elles aident d'un autre charme un senti-
» ment d'une nature différente, qui ne vit
» que d'enthousiasme; et voilà pourquoi
» le sentiment qu'inspirent les Polonaises

» ressemble à de l'amour ; mais peut-être
» est-il plutôt de la volupté. Elles sont
» adorables par les souvenirs qu'elles lais-
» sent, par les espérances qu'elles donnent ;
» elles savent tout embellir de cette magie
» qui a quelque chose de vague , d'indéter-
» miné ; elles aiment la nature , sans être
» naturelles ; mais leur art devient presque
» simple par sa perfection. Il y a un aban-
» don charmant dans leurs manières ; elles
» accordent avec une grâce qui n'est pas
» celle des Françaises , qui semble leur
» avoir été révélée par la nature , source
» inaltérable de tout ce qui est bien, de
» tout ce qui doit plaire. Elles n'ont pas
» dans leurs salons cette monotonie de con-
» venances qui tyrannise la conversation
» par des règles formelles, et prescrit à peu
» près les mêmes mots comme les mêmes
» usages, une fois adoptés. Mollement cou-
» chées sur leurs divans, elles ont autant
» d'attitudes différentes que de costumes.
» Leur conversation n'est peut - être pas
» aussi spirituelle que celle des Françaises ,
» mais elle est plus piquante par son origi-

» nalité. Une femme dont la pensée voyage
» sans cesse, qui laisse errer ses idées d'un
» objet à un autre, qui voit au même mo-
» ment, des yeux de l'imagination, les
» sites enchantés de l'Italie, et les effrayantes
» beautés de la Suisse; qui a l'art ou la
» bonne foi de mêler l'enthousiasme à tout
» ce qu'elle dit, cette femme-là a mille
» moyens de plus que les autres de plaire et
» de charmer. C'est par toutes ces sources
» de séduction que les maisons des polonai-
» ses deviennent des habitations ravissantes,
» et leurs jardins, des féeries. Tout ce que
» l'imagination embrasse s'embellit à l'ins-
» tant; ces enchanteresses ont le talent de
» faire penser et sentir ceux qui les écou-
» tent, sous mille et mille rapports diffé-
» rens. C'est à la fois l'art d'enivrer et l'ame
» et les sens. Les oppositions piquantes
» viennent ajouter encore au charme. Quoi
» de plus délicieux que d'entendre une jolie
» femme dans des bosquets qu'elle a créés,
» s'entourant d'art, parler de la nature;
» dans le même moment enrichir son salon
» de chefs-d'œuvre divers, s'embellir elle-

» même de mille talens aimables, et tout
» cela avec des formes destinées naturelle-
» ment à l'élégance ! Sans cesse elles sont
» parées de leur négligence même, et n'ont
» l'air de se servir de la fortune que pour
» se jouer de ses présens.

» Une certaine mollesse, une grâce cal-
» culée, et surtout un accord intime, du
» morale au physique, se remarquent éga-
» lement en Pologne et en Russie : les Cour-
» landaises particulièrement ont un attrait
» distinctif. Les deux princesses (*) qui, cet
» hiver, sont venues charmer notre capitale,
» en sont un exemple remarquable.

» Les différentes secousses du gouvernement
» ont fort influé sur les femmes, en Russie.
» Sous Pierre I.er, elles se sont ressenties
» de la rudesse d'un gouvernement absolu,
» qui avait besoin d'une extrême sévérité.
» Pierre voulait changer les mœurs, et
» faire fléchir sous de nouvelles coutumes
» une nation superstitieusement attachée
» à ses usages, et d'autant moins accessible

(*) La princesse de Rohan et sa sœur.

» à la civilisation, qu'elle avait tous les pré-
» jugés de l'ignorance, et toute la barbare
» férocité , effet nécessaire de ses sanglantes
» révolutions.

» Les femmes, si bien faites pour adou-
» cir les mœurs, vivaient environnées d'es-
» claves et l'étaient elles-mêmes. Elles
» tremblaient sous la domination d'un époux
» ou d'un maître farouche. Quelquefois elles
» étaient reléguées avec lui dans de vastes
» déserts, d'où était exilé tout ce qui ano-
» blit la vie, les lettres, les sciences, les
» arts, doux présens de la société qui font
» contracter à l'ame des habitudes géné-
» reuses, et la mettent sans cesse en pré-
» sence des témoins qui la jugent.

» Quelquefois appelées à la cour de ce
» même Pierre, elles y assistaient à de
» honteuses orgies; elles voyaient tomber les
» têtes de leurs amis, ou subissaient elles-
» mêmes de honteuses punitions. On sait
» que Pierre-le-Grand, cet homme de gé-
» nie, par un contraste cruel, en tirant les
» Russes de la barbarie, couvrit son pays
» d'échafauds, et fit périr une partie de la

» noblesse de l'empire. Catherine I.re mon-
» trant ce que pouvait l'ame héroïque d'une
» femme, prépara les Russes à la domina-
» tion heureuse de Catherine II, dont les
» grâces et le génie ne contribuèrent pas
» peu à faire chérir et respecter les femmes
» dans ce pays. Les mœurs s'adoucirent,
» le beau sexe y reprit une place digne de
» lui; aussi, après la France, peut-être la
» Russie est-elle le pays où il est le plus
» agréable d'être femme.

» Les femmes russes sont, en général,
» très-jolies; peu instruites, elles appren-
» nent avec facilité. Elles ont des talens,
» de la grâce et de la noblesse dans le main-
» tien; et si on remarque dans quelques-
» unes une gravité qui les distingue des
» Polonaises, presque toutes se livrent à
» une indolence orientale qui les en rap-
» proche. Leur vie s'écoule entre le jeu
» qu'elles aiment beaucoup. La paresse,
» le luxe et la magnificence la plus recher-
» chée sont un besoin pour elles. Presque
» toutes crédules, superstitieuses, elles ai-
» ment tout ce qui parle à leur imagination.

» Éprises du merveilleux, elles passent
» quelquefois des soirées entières à enten-
» dre leurs femmes leur répéter des contes
» qui les amusent, et les attachent comme
» des enfans.

» Telles sont mes observations sur les
» femmes des différens pays que j'ai par-
» courus; et, pour peindre en deux mots
» les nuances que je remarque entre elles,
» je crois que s'il m'était permis de choisir,
» je prendrais pour ma femme une An-
» glaise, une Française pour mon amie,
» et une Polonaise pour ma maîtresse. »

Peut-être l'ami qui m'écrivait cette lettre,
est-il un peu hardi dans ces décisions sur
les femmes. Je ne les donne que comme son
opinion particulière, et je quitte la Pologne
et la Russie pour voyager avec mes lecteurs
dans le nord de la Suède.

ZUNILDA,

Nouvelle suédoise.

Brillant, aimable, fait pour plaire, mais
sans principes et sans morale; tel était Florvel, jeune Français, dont le cœur gâté par
les succès prenait ses passions pour guide,
et les plaisirs pour le bonheur. Un beau
nom, une existence agréable, une grande
fortune; il avait tout, il abusa de tout; ses
triomphes même devinrent la source de ses
erreurs. Jamais homme ne fut mieux traité
par l'amour, et ne crut moins à ce sentiment; jamais amant ne rendit hommage à
plus de femmes, et n'eut pour elles plus de
mépris. Médire d'elles, mais en parler sans
cesse; déprécier leurs faveurs, et faire tout
pour les obtenir; proclamer leur faiblesse,
et tirer une sorte de vanité d'en triompher;
toutes ces inconséquences se rencontrent
parmi les hommes. Florvel en donnait chaque jour des exemples. Plein de traits et de
saillies, chansonnier piquant, conteur ai-

mable, il était l'ame de la société ; mais ces succès finirent par lui paraître bien frivoles. Comme son esprit valait essentiellement mieux que l'emploi qu'il en faisait, il eut bientôt besoin de l'exercer dans un champ plus vaste. Déjà plus instruit que presque tous les gens de son âge, il voulut l'être davantage.

Ses chaînes étaient de fleurs, et ne le retenaient que faiblement ; il n'employa pas même, pour les rompre, ces nuances, ces égards qui donnent à un mauvais procédé l'apparence d'une erreur, et à une rupture, celle d'une absence. A peine prit-il congé de quelqu'un ; et voilà tout à coup notre homme à la mode devenu voyageur.

Au mois de janvier 1788, il résolut de s'éloigner de Paris ; et, dirigeant ses pas vers le Nord, il se mit en route pour la Suède.

La veille de son départ, on jouait *le Séducteur* à la Comédie Française. « Ah ! disait-
» il en lui-même, en l'écoutant, l'auteur
» a donné des conquêtes trop faciles aux

» héros de sa pièce. Il y a mille moyens de
» résistance, mille ressources pour les vain-
» cre qui auraient produit plus d'effet, et
» qui ont échappé à sa plume. Quel mérite
» a-t-on à séduire une jeune innocente qui
» n'est conduite que par la nature ? C'est
» absolument cueillir une fleur en passant,
» et se donner à peine le temps de la re-
» garder. »

C'était à peu près comme si Florvel eût
dit : « Il n'y a que moi d'assez séduisant,
» pour que rien ne me résiste. En amour,
» j'ai tout calculé, tout analysé ; j'ai su ré-
» duire en principes l'art de la séduction,
» et véritablement les femmes sont si fai-
» bles, qu'elles ne valent pas la peine qu'un
» homme spirituel leur abandonne quel-
» ques soins et quelques momens. Je vais
» partir ; je parcourrai des contrées loin-
» taines ; que trouverai-je ? Partout la mê-
» me chose : des femmes qu'on possède
» quand on veut, des amans crédules et
» des époux bien trompés, quelques obsta-
» cles, pas une véritable défense. Mon
» Dieu ! qu'on m'indique une femme qui se
fasse

» fasse aimer et qui résiste ; j'irai la cher-
» cher au bout de l'univers. »

Il faut rendre justice à Florvel : ce n'était pas là le véritable objet de son voyage. Il avait de l'esprit, des connaissances ; il vou-lait étudier les hommes et les mœurs , et surtout échapper à l'ennui. Il en éprouvait sans le dire. On a pu remarquer souvent que rien ne laisse plus de vide dans l'ame que la nullité de principes , la bonne opi-nion de soi-même et la mauvaise opinion des autres. Lorsqu'on se croit tout facile et tout permis , on n'a plus d'avenir , et la vie reste sans intérêt.

Florvel arriva à Stockholm. Son nom et ses recommandations l'appelèrent dans les sociétés les plus brillantes ; sa réputation l'avait devancé ; il n'en devint que plus fat, plus hardi. Quand ces deux torts ne vous perdent pas , ils réussissent. Florvel l'é-prouva. Les Suédoises sont aimables ; elles l'apprécièrent. Comme partout , elles sont vaines ; il les loua. Plusieurs ne sont pas exemptes de faiblesse ; il en profita. Il n'a-vait pas passé dix-huit mois à Stockholm ,

III.   7

qu'il s'ennuyait comme à Paris. Heureusement son goût pour s'instruire remplissait bien des momens. Il apprit assez facilement la langue ; il courait le matin chez Sergell, chez Canova (*), dans les cabinets des minéralogistes. A le voir, à l'entendre causer avec tous les hommes intéressans, on n'eût jamais cru que c'était le même Français qui, le soir, ne s'occupait que de bagatelles, charmait dans un salon les vieilles femmes par sa politesse, les jeunes par sa galanterie, et tout le monde par sa piquante originalité.

Un jour il s'entretenait avec un professeur très-instruit. « Les mœurs du pays, » ses usages, ses lois surtout, disait-il, les » provinces excitent ma curiosité.

» J'ai remarqué que partout les capitales » sont presque des pays à part : c'est rare- » ment dans ces grandes villes que l'on » connaît la nation que l'on observe. Par la » vie même que l'on y mène, les caractères » s'y masquent comme les visages. On est

____

(*) Célèbres artistes.

» forcé constamment d'y faire tant pour les
» autres, qu'on n'est presque jamais soi. »

» Permettez-moi de vous citer vous-même
» pour l'exemple de ce que vous avancez,
» répondit le Suédois. Je sais, par quelques
» rapports de société, quels sont vos succès
» depuis que vous êtes à Stockholm. Les
» hommes vous accueillent ; les femmes
» vous recherchent ; vous passez pour l'hom-
» me le plus à la mode, et pourtant, à vous
» entendre parler de choses sérieuses, il
» est impossible de croire que les futilités
» soient d'un aussi grand intérêt dans votre
» vie. Vous êtes tout autre que vous ne
» paraissez dans ces cercles brillans.

» Je m'en flatte du moins, reprit Flor-
» vel : je ne suis homme du monde que
» par position. Pensez-vous que celui qui
» fait très-peu de cas des femmes, qui ne
» croit guère à l'amitié, et point à l'amour,
» soit très-heureux dans ce tourbillon ?
» Telle est ma manière de voir. Je vous
» plains, répondit le Suédois. Si je ne me
» trompe, vous n'êtes pas blasé ; au con-
» traire, il y a une partie de vos facultés

» morales qui n'est pas exercée. A votre
» place, en voyageant, j'aurais cherché
» des choses neuves sous tous les rapports ;
» j'aurais surtout évité les capitales. Vous
» observez, d'une manière très-juste, que
» toutes se ressemblent, que toutes nous
» montrent la corruption des mœurs. Etait-
» ce à Stockholm que vous deviez vous
» arrêter ? Voulez-vous voir un tableau plus
» attachant de mœurs nouvelles, la pureté,
» l'hospitalité des premiers âges ? Partez,
» enfoncez-vous dans les provinces du
» nord de notre Suède, sur les frontières
» de la Laponie. La Nortlande, la Dalé-
» carlie surtout vous offriront des jouis-
» sances qui vous sont inconnues. D'autres
» hommes, d'autres femmes, d'autres cités,
» tout sera piquant pour vous. La simple
» nature doit vous paraître si neuve ! —
» Eh ! mon Dieu, s'écria Florvel, je la
» devine sans la connaître, cette *simple
» nature*, dont les philosophes nous en-
» nuient. Je veux pourtant bien faire l'é-
» preuve que vous me proposez ; j'irai dans
» la Nortlande ; j'y trouverai les mêmes

» passions, les mêmes vices, peut-être
» même un peu plus de facilité chez les
» femmes, avec moins de grâces ; voilà
» tout. Eh bien ! repartit le Suédois, *vo-*
» *tre système* n'en sera que plus démon-
» tré à votre esprit, et vous en convien-
» drez ; parvenir à se prouver la vérité
» d'*un système*, ce n'est pas tout-à-fait
» avoir perdu son temps. »

La conversation finit là. Florvel quitta
le Suédois ; et, comme rien ne le retenait
à Stockholm, deux jours après il partit
pour la Nortlande.

Après les premières journées, Florvel,
ennuyé des mauvais chemins, et voulant
mieux voir le pays, laissa sa voiture dans
la première ville, acheta deux chevaux de
selle, et suivi d'un seul valet de confiance,
il continua sa route. Il s'arrêtait souvent
pour examiner. Ces montagnes, ces forêts
immenses, ces lacs, ces rivières rapides
et nombreuses, ces mines profondes, attiraient ses regards. Malgré la saison rigoureuse, il observait tout avec soin ; il touchait
à l'époque où les glaces de l'hiver font place

tout à coup aux premières chaleurs de l'été.
Par une bizarrerie de ce climat, on ne
connaît, dans cette partie de la Suède que
deux saisons. On éprouve, pendant neuf
mois, des froids excessifs, et, le reste de
l'année, des ardeurs presque égales à celles
du Midi. Le sol, assez ingrat, manque
de plusieurs choses nécessaires à la vie ;
mais il abonde en pâturages, en mines de
divers métaux, et surtout de cuivre. La
chasse et la pêche étant une des plus grandes richesses du pays, le Suédois est ro-
buste, laborieux, et la vie qu'il mène l'en-
durcit à la fatigue, et l'éloigne de toute
idée de mollesse et d'oisiveté.

Florvel, averti par les habitans du changement habituel et subit qui allait se faire
dans la Suède, prévenu d'ailleurs que la
fonte des neiges, la rapidité des torrens
pourraient arrêter ses pas, et même l'exposer à quelques dangers, préféra de suspendre sa route ; et, s'établissant parmi des
pâtres sur les montagnes de la Dalécarlie,
il attendit avec impatience et curiosité le
beau spectacle qui devait étonner ses yeux ;

mais il ne perdit pas son temps dans une vaine attente. Par des questions qui , bien proposées, préparaient des réponses instructives , il connut bientôt les mœurs, les usages de ces heureuses et tranquilles contrées. Comme on le lui avait prédit , il retrouva le charme des premiers âges du monde. Point de méfiance; une paisible sécurité. Pour murailles, des faibles haies ; pour verroux , une simple courroie, que la main d'un enfant peut dénouer. Respect pour la propriété, secours pour l'indigence, pitié pour l'infortune ; voilà ce que Florvel vit sans le croire , admira sans le dire. Ces bons habitans ont surtout une vénération pour l'hospitalité qui les porte à vouloir l'exercer même en leur absence. S'éloignent-ils de leur habitation , ils songent qu'un voyageur peut passer , qu'il peut être accablé de fatigue et de besoins, sans avoir la possibilité de s'adresser à personne. Cette idée poursuit le pâtre dans les vallées, le chasseur au fond des forêts , le pêcheur sur ses étangs. S'il ne laisse personne en sortant de sa maison , il a soin que sa porte reste ouverte ; un vase plein d'un lait pur est placé sur une table, et s'offre aux regards de ceux qui peuvent le désirer. C'est peu d'y joindre des gâteaux de fleur de farine ; une main attentive a embaumé les bords de ce vase par les jus exprimés des plantes balsamiques les plus odoriférantes. Est-on dans la saison rigoureuse de l'hiver, des charbons allumés couvent sous la cendre, et peuvent, à l'aide de bourrées rassemblées près du foyer, donner promptement une flamme secourable.

Florvel réfléchissait un jour sur l'opposition de la rudesse du climat avec la douceur des mœurs, et de l'âpreté sauvage de ces montagnes avec la bonté de leurs habitans..... Tout à coup un grand bruit se fait entendre ; des craquemens sourds et redoublés retentissent dans les cavités profondes des rochers ; c'est la glace des hivers qui se rompt. Les torrens se préparent, les pâtres s'agitent, mais avec une activité sage qui montre plus de prudence que d'effroi. L'un oppose une digue de pierres à l'effort des eaux qui peuvent renverser sa cabane ;

l'autre ménage une route facile au torrent qu'il prévoit et qu'il ne peut arrêter. Plus loin, des familles entières changent momentanément d'asile, emportant leurs enfans dans leurs bras, les vieillards sur leurs épaules. On emmène les troupeaux sur la cime des plus hautes montagnes; mais, je le répéte, tous ces soins n'ont ni confusion, ni apparence de terreur. Le moment est pénible, mais il est prévu.

Les rigueurs de l'hiver finissent; les douceurs de l'été vont commencer. Quel spectacle! les rayons du soleil renaissant ont frappé ces immenses amas de neiges éblouissantes, dont les reflets éclatans brillent avec les feux qui viennent les dissoudre. Les eaux se rassemblent, les torrens se forment; tour à tour s'arrêtant et se grossissant l'un par l'autre, ils écument, ils bouillonnent, ils se précipitent avec fracas de rochers en rochers; leur bruit confus se mêle aux déchiremens des glaces qui se rompent à la fois de toutes parts; des glaçons énormes, tantôt sont entraînés par la rapidité des eaux, tantôt tombent, s'arrêtent, et re-

7**

tombent brisés par leur propre poids. Quelques-uns roulent du sommet des montagnes et s'embarrassent dans les branches robustes d'un vieux pin, qui, couronné de cette masse rayonnante, étincelle de mille feux à la clarté du soleil; bientôt le glaçon, dissous par la puissante chaleur, porte dans les racines de l'arbre une fraîcheur salutaire. Cependant le bruit redouble, les eaux s'enflent encore, les cascades subites jaillissent en mugissant, tombent dans les lacs et les rivières, dont les eaux débordées s'élancent vers la mer avec impétuosité........ Mais, ô surprise! dans ces vallées où les eaux sans limites se sont ouvert de nouvelles routes, leur passage ne laisse que des traces légères. La glace a fui, la première pointe des herbes va paraître. La terre humectée prend une nouvelle vigueur pour produire. Déjà les fleuves qui descendaient des montagnes ne sont plus que des ruisseaux; les rivières rentrent dans leurs lits; les eaux en se retirant découvrent les prairies. A côté de la goutte d'eau suspendue à l'arbrisseau qui reverdit, le bouton va naître. Une fraîcheur

délicieuse se mêle à la douce chaleur qui s'ac-
croît, et porte une vie nouvelle à tout ce qui
respire, un nouvel accroissement à tout ce
qui végète, un nouveau charme à tout ce
qui pense, et peu de jours ont suffi pour
amener à cette aimable renaissance de toute
la nature.

Le calme qui se rétablit dans les montagnes rentre dans le cœur des habitans ;
ils descendent ; les villages se repeuplent,
les demeures modestes se réparent, les troupeaux recommencent, l'image du bonheur
a reparu.

Florvel, avec une ame plus simple et
moins corrompue, aurait mieux joui de ce
beau spectacle. Son esprit, son imagination
furent plus émus que son ame ; les sensations douces et vives sont un bonheur des
cœurs purs. Ceux que l'abus des passions
factices a blasés ne les éprouvent point. Leurs
sens émoussés perdent ce premier sentiment
qui semble répondre à mille jouissances of-
fertes par la nature.

Qu'il est froid celui qui ne fait que regarder, auprès de celui qui se pénètre,
et qui sent !

Cependant Florvel fut aussi frappé qu'il pouvait l'être de ce beau changement. Saisissant sa plume et ses crayons, il essaya de fixer cette scène imposante par des tableaux qui parlassent tour à tour aux regards et à la pensée. Ce double travail seul prolongea son séjour parmi ces bons pâtres qui l'avaient si bien reçu. Un homme plus sensible aurait joint, au plaisir de cette occupation, le bonheur de voir ces aimables habitans passer promptement de l'inquiétude à la tranquillité ; il n'aurait pas observé sans délice la mère, qui croit mieux aimer son enfant après le danger qu'elle a redouté pour lui ; la maîtresse qui voit arriver avec plus de charmes cette saison qu'elle sait devoir l'unir à son amant ; l'ami s'attachant plus à son ami par le service qu'il vient de lui rendre, en préservant son habitation de la fureur des eaux...... Mais non : Florvel a desséché son ame ; il n'est bon que par instinct. Il quitte les pâtres avec une reconnaissance froide, et continue sa route en suivant les bords de la Dala, et dirigeant ses pas vers le bourg d'Hédémona, le plus remarquable de la Dalécarlie.

Six semaines s'étaient écoulées depuis l'instant où la saison renouvelée avait changé l'aspect de la nature. Les pâturages étaient verts, et les arbres parés de feuilles ; tout germait, et se disposait à produire ; le souvenir même des frimas s'était effacé. Il ne fallait que des yeux pour jouir de ce contraste rapide. Florvel enchanté trouvait les journées trop courtes pour admirer.

Dans le bourg d'Hédémona, les mœurs étaient aussi douces que parmi les pâtres qu'il quittait ; il retrouva la même hospitalité, des formes moins rustiques, et, avec une égale simplicité, cette politesse obligeante, premier fruit de l'aisance et de l'éducation.

Il était depuis quelque temps dans ce bourg ; tous les jours, il sortait seul à cheval, et se plaisait à s'égarer dans ces beaux sites qui l'attiraient sans cesse. Communément, il laissait son cheval marcher à l'aventure, et ne voulait devoir qu'au hasard, au caprice, les surprises que chaque nouveau lieu lui causait. Un jour que, plus fatigué qu'à l'ordinaire, il cherchait un lieu tranquille pour s'y reposer quelques instans, son cheval prit une route bordée d'arbres élevés, qui le conduisit bientôt vers une habitation dont un coteau ombragé lui avait dérobé la vue. Cette maison est modeste, mais paraît considérable. La porte est ouverte; il entre. Personne dans la cour ne se présente à ses regards. Enhardi par l'hospitalité du pays, il attache son cheval à un arbre, et pénètre dans la maison. Un gros chien s'approche de lui; mais il n'a point de chaînes, point de fureur. Au lieu d'aboyer, il caresse Florvel comme s'il le connaissait; il le devance en bondissant, et semble le conduire dans une pièce voisine. La première chose qui le frappe en entrant, est ce vase plein de lait, doux symbole de l'hospitalité que le riche et le pauvre destinent aux voyageurs. Il s'assied, il regarde, il admire une réunion de choses utiles, et des recherches simples indiquaient le goût naturel du maître de cet asile. Mais à qui appartient-il? Cette solitude de la maison, ce calme dans l'intérieur n'annoncent point l'habitation d'une famille. Est-ce un vieil-

lard solitaire ? est-ce une femme qui demeure dans ce lieu tranquille ? Quel silence !
quel calme ! Florvel se couche sur une nat-
te ; il a porté dans ses sens une douce fraîcheur par ce lait onctueux qui l'a désaltéré.
Ce n'est point le sommeil qui répare ses forces épuisées par la fatigue et la chaleur ;
c'est un repos, une sorte de quiétude qu'il
n'avait pas encore éprouvés. Le bon chien
est à ses pieds ; il regarde Florvel avec cette
expression caressante, caractère si touchant
d'un ami de l'homme ; il semble lui dire :
« Si tu veux dormir , je veillerai sur toi ;
» veux-tu sortir, je t'accompagne. » Florvel le caresse avec un plaisir secret. C'est
peut-être la première fois qu'il sent bien le
prix d'un animal si précieux. Cependant
il se lève , il parcourt la maison, il veut deviner chez qui le hasard l'a conduit. . . . . .
Une chose lui donne une idée, une autre
la détruit.

Après avoir parcouru les appartemens ,
il sort, et descend dans le jardin séparé de
la campagne par une simple haie d'épines en
fleurs. Ce joli lieu ne se distingue des champs

que par une culture plus soignée, des arbres fruitiers mieux choisis et quelques routes battues courant çà et là, sans symétrie, parmi des fleurs et des fruits. Un ruisseau clair descend de la montagne; en traversant le jardin, sa course se ralentit; il semble s'y plaire; il fait mille détours, et s'échappe par un bosquet; puis précipité par une pente naturelle, il court mêler ses eaux à celles de la Dala. Florvel enchanté se plaît à suivre les caprices de cette onde; il arrive au bosquet: là s'offre un banc de gazon, placé sans art, mais dans un lieu si délicieux, si frais! Une grotte profonde s'ouvre près de ce banc; quelques arbres épars autour de la grotte semblent des colonnes destinées à soutenir cette voûte antique. Florvel lève les yeux, il lit cette inscription gravée sur l'un de ces arbres:

A L'HOSPITALITÉ.

Qui que tu sois, si tu es heureux, jouis ici de ton bonheur; si tu es malheureux, la douceur, la patience et la douce commisération t'attendent.

Ah! s'écrie Florvel, n'en doutons plus, je suis chez une femme!... Il examine la grotte avec intérêt; il revient près du banc; il est attiré partout; il ne peut s'arracher de nulle part. Le bruit aimable du ruisseau, cette fraîcheur, le roucoulement des ramiers, répété par l'écho des montagnes, cette solitude, ce calme profond, et l'idée pleine de charmes qu'un être absent, comme un bienfaisant génie, préside à cet ensemble attrayant, le doux penser surtout que cet être est une femme; toutes ces réflexions bercent mollement les pensées de Florvel; il sent ses yeux se fermer; il s'assied et s'endort.

Florvel ne s'était point trompé; c'est chez la belle Zunilda que le hasard l'avait conduit.

Zunilda, née dans le bourg d'Hédémona, a perdu ses parens; elle finit le deuil d'un vieux père qu'elle adorait, et qui lui a laissé une fortune honnête, et cette habitation commode, sans élégance, mais la plus belle du pays. Son goût pour la campagne, sa tendresse pour le jeune Elerz, la fixent pour

toujours dans cette demeure. Elle doit épouser Elerz qui fait le bonheur et le charme
de ses jours. Telle est la simplicité des
mœurs de ce pays, que Zunilda loge déjà
avec son amant ; mais près de lui, dans ses
bras même, elle est aussi en sûreté que si
des parens ou des barrières les séparaient.
Leurs cœurs passionnés et purs ne conçoi-
vent pas le bonheur sans vertu, le plaisir
sans innocence. Elerz est sensible, gai,
doux, mais impétueux. Zunilda, moins vive,
est plus mélancolique ; l'amour sans mesure souvent absorbe toutes les facultés de
l'âme ; mais Zunilda adorant Elerz a besoin
encore d'aimer, d'être aimée de tout ce qui
l'entoure. Son bonheur s'augmente de celui
des autres ; à l'aspect de l'infortune, elle
sent moins sa félicité ; aussi elle est chérie
par tout ce qui la connaît. La nature fit tout
pour elle ; figure noble, traits charmans,
taille élégante. Dans les fêtes champêtres,
tous les regards sont attachés sur elle, tous
les succès l'attendent ; nulle n'a plus de
grâce à la danse, plus de légèreté à la course.
Les flèches d'Elerz sont plus rapides ; mais

la biche craintive ne perce pas les forêts avec plus de vîtesse que Zunilda, lorsqu'un trait à la main, elle poursuit et atteint la proie qui veut en vain l'éviter.

L'histoire des amours d'Elerz et de Zunilda est bien simple. Point d'obstacles, point de tourmens; du bonheur sans nuage, un sentiment aussi promptement partagé qu'exprimé; voilà leur sort. A la dernière fête du *Retour de l'été*, dans une course de jeunes filles, le prix était un chevreau blanc (qu'un chasseur, selon l'usage, doit tenir dans ses bras au bout de la carrière); c'était Elerz que l'on avait choisi. Zunilda l'avait remarqué, et pensait à lui; depuis long-temps il cherchait à lui plaire; la course commence. Zunilda devance ses compagnes; plus prompte que l'éclair, elle touche le but. Elerz enchanté remet le chevreau dans ses bras. Ah! Zunilda, lui dit-il, que ton triomphe n'est-il le mien!.. « Va, répond-elle avec candeur, « je devais vaincre!...... » Qui veux-tu qui coure plus vite à Elerz » que moi, si ce n'est mon cœur? »

Elerz rougit de bonheur, il presse Zunilda

contre son sein...... Si ton père y consent,
dit-il, je te donne ma foi, en présence du
ciel. Alors, à la manière accoutumée, tous
deux posent leurs mains sur leur cœur ; le
lien devient indissoluble, tous les habitans
les félicitent. Zunilda, de ce moment, est
un objet sacré pour tous les jeunes compagnons d'Élerz. Elle a prononcé son choix ;
tous la regrettent, aucun d'eux n'ose plus
même y penser ; tels sont les usages, telles
sont les mœurs. Le père de Zunilda rajeunit
par l'idée du bonheur de sa fille ; il applaudit à ce choix qui aurait été le sien. Le jeune
amant baise la main du vieillard ; il est sûr
de son bonheur...... Mais, hélas ! qu'il lui
semble encore éloigné ! Une fièvre lente con-
sume depuis quelque temps le père de Zunilda ; il s'affaisse, il languit, et meurt dans
les bras de ses enfans. Un an de deuil et de
larmes leur est commandé par leur cœur et
les lois. Ils s'aiment, prient le ciel pour
leur bon père ; et, réunis sous le même
toit, ils attendent que l'année soit révolue.

Ils étaient sortis ensemble quand Florvel est arrivé. Zunilda rentre la première.

Le cheval qu'elle aperçoit lui fait connaître qu'un étranger est chez elle..... Elle le cherche avec impatience ; elle voit avec plaisir que les mets qu'elle avait préparés ont pu lui être utiles. Elle parcourt rapidement sa maison ; enfin elle arrive en courant au bosquet ; mais, apercevant Florvel livré à un doux sommeil, elle ralentit ses pas ; elle craint même le bruit que ses habits produisent en effleurant les feuilles..... Le bon chien a vu sa maîtresse ; il veut courir à elle ; mais Zunilda fait un signe à cet animal fidèle qui l'entend ; il se recouche doucement, en regardant tour à tour Florvel et sa maîtresse. Zunilda s'aperçoit que les rayons du soleil peuvent frapper la tête découverte de l'étranger ; elle rapproche doucement les branches de deux arbres voisins ; elle les unit ensemble, et forme une ombre hospitalière qu'elle oppose à la chaleur du jour. Ce n'est pas assez ; elle prend une corbeille, la remplit de fleurs embaumées, de fruits pleins de saveur ; elle place cette douce offrande vers Florvel, de manière que, s'il s'éveille, son premier

regard soit frappé par ce nouveau bienfait.
Bonne et sensible Zunilda, vous voilà assise
près du ruisseau, tournant de temps en
temps la tête du côté de Florvel. Vous
voulez guetter son premier regard au moment de son réveil; mais, toujours attentive,
vous croyez entendre que les eaux s'échap-
pent avec trop de bruit sous le feuillage;
le sommeil de l'étranger peut en être inter-
rompu. Vous vous penchez avec effort sur
le bord du ruisseau : vos mains bienfaisantes
dérangent une pierre qui fait obstacle à la
rapidité des eaux. Le silence augmente;
on n'entend plus qu'un murmure faible et
sourd, plus fait pour prolonger le sommeil
que pour troubler son charme et sa durée.
Zunilda jouit du repos qu'elle procure; mais
le feuillage frémit et s'écarte; le gazon cède
sous des pas agiles; c'est Elerz qui paraît.
Comme les ames des deux amans se devinent
en un moment ! comme ils se félicitent
des soins qu'ils vont donner à l'étranger que
le hasard leur amène ! Déjà, dans les bras
l'un de l'autre, ils regardent Florvel, et
s'entendent sans se parler..... Zunilda, par

un regard, semble demander à son amant
si elle n'a rien oublié, si tous les besoins
sont prévus? « Crois-tu, dit-elle à Elerz,
» que ce voyageur soit malheureux? —
» Je ne le pense pas, ma chère. Ses traits
» sont calmes et tranquilles, le malheur
» laisse des traces. Rappelle-toi les premiers
» temps de la mort de ton père. Quand tu
» dormais, on voyait que tes yeux avaient
» pleuré, qu'ils devaient pleurer encore.
» — Tu as raison; mais nous pouvons nous
» tromper; il faut que son réveil soit doux;
» prépare-toi, prends ta flûte champêtre.
» Quand il ouvrira les yeux, je chanterai,
» tu m'accompagneras. S'il souffre, nous
» lui ferons du bien; s'il est heureux, cela
» ne peut lui déplaire.—Écoute, Zunilda;
» c'est, je crois, un Français. J'en ai déjà
» vu dans notre pays, ils avaient cet habit.
» — Vois-tu comme il s'appuie sur notre
» chien? Fidèle allait l'éveiller en venant
» à moi; mais je l'ai fait rester à sa place. »
Comme Elerz finissait de parler, Florvel
s'agita. Les deux amans se placèrent près de
lui; les yeux de Florvel s'ouvrirent, et ses

regards et son oreille furent frappés en même temps des beaux traits de Zunilda, de sa voix touchante et de la douce flûte d'Elerz.

Il est des sensations auxquelles l'ame la plus gâtée par les vices du monde ne résiste point. Florvel crut faire un rêve délicieux, et cette illusion, un instant prolongée, retarda les vives expressions de sa reconnaissance. La beauté de Zunilda, sa fraîcheur, ses traits animés encore par la douce expression de la bienfaisance, le jetèrent dans la surprise et l'admiration.

« Qui que vous soyez, lui dit Elerz,
» jeune étranger, regardez cet asile comme
» le vôtre. Zunilda vous reçoit chez elle ;
» moi son amant, bientôt son époux, je
» mêle mes soins, mes vœux aux siens,
» pour vous rendre ce lieu aussi doux que
» je le souhaite. Oui, reprit Zunilda, en
» passant son bras autour du col d'Elerz,
» nous bénissons le ciel de vous avoir con-
» duit parmi nous ; nos fleurs, nos fruits,
» nos troupeaux, disposez de tout. Mon
» père me l'a toujours dit : *Rien en entier*
» *n'est à toi, songe à la part de l'étranger...* »

En

En disant ces mots, Zunilda, avec une grâce dont elle ne se doutait pas, présentait à Florvel la corbeille qu'elle avait préparée.

On ne se défait pas aisément des formes et du ton des villes. Florvel ému de tant de bonté, de simplicité, voulut y répondre avec de la franchise et du naturel ; il fut maladroit, et rien ne contrastait plus que ses manières élégantes, sa politesse recherchée, avec la candeur naïve de ses hôtes. Ils comprirent cependant qu'il les remerciait ; mais, quoiqu'il parlât bien leur langue, tant de phrases pour un sentiment les étonnaient. Dans ce moment, les échos de la plaine retentirent de sons aigus et lointains. C'étaient les pâtres qui rappelaient leurs brebis et leurs chiens. « Voulez-vous, dit Zunilda, » venir voir rentrer nos troupeaux ? Ils » sont nombreux et beaux ; c'est là notre » richesse. »

Florvel accepta. Les deux amans, sans trop songer à lui, entrelaçant leurs bras, sortirent en chantant. Florvel les suivait ; il examinait, en marchant sur leurs traces,

III.   8

leur contentement, leur naïve gaieté, et riait en lui-même de ce qu'on appelait cela du *bonheur*. Cependant les troupeaux, descendant en foule des montagnes dans la vallée, s'approchent, on les entend mugir, bêler. Zunilda s'assied sous un grand arbre pour les attendre ; elle appelle Florvel auprès d'elle.... Tout à coup, elle lève les yeux, elle aperçoit un nid à la cime de l'arbre. « Le vois-tu ce nid ? dit-elle à Elerz ; » je parie l'atteindre plutôt que toi........ » Soit, dit Elerz. Une corbeille d'osier fin » contre une plume rose, pour attacher à » mes flèches... » Il n'avait pas fini ; déjà Zunilda a quitté le chapeau qui couvre sa tête ; elle s'élance aux branches avec légèreté.... L'arbre est très-vieux, d'une grosseur prodigieuse. Chacun monte de son côté ; tantôt Elerz l'emporte, tantôt Zunilda a l'avantage ; enfin, elle arrive plutôt près du nid. Elerz, voyant qu'elle va triompher, s'arrête..... Zunilda saisit le nid, et, placée gracieusement sur une branche forte, mais flexible, elle se laisse balancer avec mollesse jusqu'à la branche plus basse sur

laquelle était Elerz. Elle lui tend le nid ;
mais il avance inutilement le bras : au moment où il est prêt à toucher sa proie , elle
s'amuse à la retirer, à agiter la branche qui,
par son élasticité, l'enlève et la ramène encore. Pour achever le tableau, la mère plain-
tive voyant qu'on ravit ses petits , entre sous
les branches , en sort , y rentre , voltige
autour des deux amans, tandis que le mâle,
triste et plaintif, plane en face de l'arbre et
n'ose approcher. Florvel se tenait à quelque
distance. Loin de s'occuper de cette jolie
scène aérienne qu'il aurait dû dessiner , il
se dit à lui-même : « Voilà bien les femmes !
» on les retrouve partout les mêmes, aussi
» coquettes dans les montagnes de la Dalé-
» carlie, que dans nos salons. Ce n'est pas
» votre victoire, Zunilda , qui vous occupe
» en ce moment ; l'amour-propre est satis-
» fait , la vanité commence. Elle songe,
» ajoutait-il , que j'admire sa grâce, sa lé-
» gèreté ; elle pourrait redescendre promp-
» tement avec le prix de son agilité ; mais
» il faut rester suspendue sur cette branche,
» et , pour comble d'adresse , avoir l'air de

8*

» s'occuper de son amant, de rire avec lui
» de sa victoire dans les airs, pour obtenir
» un nouvel hommage sur la terre. O fem-
» mes ! sexe dangereux, mais trop connu
» de moi, je retrouve donc ici l'instinct de
» votre coquetterie ! Mais, Zunilda, vous
» vous abusez. Est-ce à des yeux tels que
» les miens que vous pouvez plaire ? Votre
» grâce sauvage a quelque attrait, j'en con-
» viens ; mais qu'il y a loin de là à celle de
» l'art, qui garde tout le charme de la na-
» ture en l'embellissant ! »

Comme il finissait, Zunilda s'approcha de
lui, et lui offrit avec gaieté le nid qu'elle
venait d'enlever.

« Je le reçois, belle Zunilda, » dit-il,
avec une intention plus maligne que ga-
lante. « On serait embarrassé de décider
» qui a plus de candeur, ou de ces tourte-
» relles, ou de celle qui daigne me les des-
» tiner. »

Zunilda et Elerz auraient bien répondu ;
mais ils avaient tant de peine à comprendre
les finesses de Florvel, qu'ils prirent le parti
de parler d'autre chose. Pour Florvel, toujours

confiant dans son jugement sur les femmes, il ne douta pas un instant que le silence de Zunilda ne tînt à la présence d'Elerz. On revint à la maison. Un repas simple, mais bon ; un couvert sans recherche, mais d'une propreté rare, étaient préparés. On soupa. Elerz et Zunilda chantèrent, tantôt ensemble, tantôt séparément. L'heure de se retirer arriva. On conduisit Florvel dans une chambre commode, d'où la vue était délicieuse. Elerz quitta Zunilda avec l'expression d'une tendresse impatiente et respectueuse ; et la nuit, par sa fraîcheur, vint reposer Florvel de ses fatigues, et calmer les tendres agitations d'Elerz.

— Florvel, le second jour, parla de son départ ; on le pressa avec tant de franchise de se fixer quelques instans dans la vallée, qu'il ne put y résister. Le naturel d'Elerz lui plaisait. Zunilda lui paraissait charmante. La vie qu'il menait était simple, mais oisive. On se levait avec l'aurore. Dans le joli bosquet, on trouvait des fruits, du lait, des gâteaux, du miel embaumé par les fleurs des vallées. Rien ne manquait à Zunilda et à Elerz ; ils vivaient dans l'aisance. Leurs parens leur avaient laissé à chacun une fortune honnête qu'ils avaient déjà confondue ; leur langage, leur éducation, l'abondance qui les entourait, le nombre de leurs serviteurs, tout les séparait des rustiques habitans de ces contrées ; ils n'en avaient que les mœurs et les vertus.

Après le premier repas, la pêche ou la chasse appelaient les trois amis, car Zunilda partageait tous ces exercices, et souvent s'y montrait la plus adroite et la plus agile. Le soir venait, Zulnida versait une rosée rafraîchissante sur des fleurs qu'elle cultivait elle-même dans un endroit particulier. Elerz, Florvel la suivaient, l'aidaient dans tous ces détails champêtres. Le jour baissant davantage, elle les conduisait toujours dans quelque nouveau site plus frais, plus agréable. Là, ils causaient, ils chantaient. Zunilda et Elerz faisaient mille questions à Florvel sur la France, sur ses voyages ; toujours à ses récits, celui-ci mêlait quelque galanterie qu'elle prenait pour une marque d'intérêt.

Plusieurs semaines se passèrent dans les douceurs de cette vie paisible et charmante. Florvel observait, dessinait, écrivait. Dans la solitude surtout, la candeur et la vertu ont un charme communicatif qui atteint même les ames dépravées. Le tableau des amours d'Elerz et de Zunilda intéressa d'abord Florvel : il est des circonstances où l'esprit se met à la place de l'ame; les premiers effets sont les mêmes ; ils ne diffèrent que par la durée. Bientôt le bonheur de ces deux amans fatigua le jeune Français; peut-être en vint-il au point de l'envier. Quoi qu'il en soit, peu d'instans après, l'idée coupable de le troubler arriva et ne fut point repoussée.

Florvel avait plus que de la fatuité ; son amour-propre était intolérable et sans bornes. L'habitude de flatter, d'exagérer même la louange, le portait à faire mille complimens à Zunilda, qui, charmée de voir qu'il se plaisait dans leur solitude , cherchait tous les moyens de la lui rendre agréable. Voulait-il entendre sa voix, elle chantait aussitôt. La course, la danse ser-

vaient chaque jour de prétexte, à l'un pour
un éloge, à l'autre pour un succès. Le bon
et tendre Elerz était ravi ; il s'enorgueillis-
sait de voir que sa maîtresse parût si bien
à l'habitant du pays le plus aimable.

Florvel, toujours de sang-froid, opposant le talent à la bonne foi , ne douta plus
qu'il n'eût fait une grande impression sur le
cœur de Zunilda. N'écoutant que son orgueil,
oubliant toute délicatesse , les droits sacrés
de l'hospitalité ne purent l'arrêter. Deux
êtres bons et sensibles le reçoivent , lui pro-
diguent mille soins touchans ; il va peut-
être porter chez eux le trouble et le désespoir. Qu'importe ! il ne faut rien se refuser.
Il voudrait , s'il était possible , que Zunilda
aimât Elerz plus passionnément, pour se
prouver à lui-même qu'il sait vaincre tous
les obstacles. Voilà donc Zunilda sacri-
fiée , dans les projets du redoutable séducteur. Les éloges sur la parure sont les
plus dangereux de tous pour les femmes ,
parce qu'ils flattent deux fois la vanité.
Tour à tour le succès se change en éloge ,
et l'éloge en succès. Florvel le savait , il

employa ce moyen. S'il disait que telles
fleurs allaient mieux à Zunilda, ce n'était
que celle-là qu'elle cueillait dans la prairie,
et dont elle formait sa couronne et ses guirlandes. Charmé de ses progrès, il prévoyait
presque déjà l'instant où il serait heureux....
« Je l'enivre d'encens, se disait-il un jour :
» mon bonheur passe mon espérance. Zu-
» nilda est moins excusable que les habi-
» tans des grandes villes, où la coquet-
» terie est le fruit et le but des regards.
» Ici, point d'hommages, point de rivalité,
» de concurrence entre femmes. Deux hom-
» mes seuls, dont l'un est séduit ; l'autre
» qui feint de le paraître. Eh bien ! voilà
» notre petite tête partie ! Quel sexe ! quelle
» faiblesse !.... J'ai dit hier au soir à notre
» coquette des montagnes (c'est ainsi qu'il
» l'appelait), que rien n'allait mieux à sa
» figure que les bluets. Dès l'aurore, elle
» en dégarnissait la prairie. Je l'ai vu de
» loin les tresser. Je parie qu'elle va venir
» à notre réunion, toute parée de ces
» fleurs. »Il parlait encore ; il se retourne...
et voit Zunilda accourir à lui avec une cou-

ronne ; mais elle était de roses. Zunilda portait à son bras un grand panier qui en était
rempli. Florvel fut d'abord surpris. Que
pensa-t-il en écoutant Zunilda, qui, toute
confiante, lui dit ingénument : « Mon ami,
» nous nous étions trompés, les roses me
» vont mieux que les bluets. Elerz me l'a
» dit ; j'ai jeté bien vite tous les barbeaux.
» N'est-il pas vrai que j'ai bien fait ? vous
» auriez été fâché que, devant vous, il eût
» dit que cela ne lui plaisait pas, tandis
» que j'ai tant de confiance en votre goût,
» et que vous êtes assez bon pour m'avertir
» de tout ce qui peut m'embellir à ses yeux.
» Le moment de notre repas s'approche, je
» désire que toutes ces guirlandes soient
» finies avant, pour m'en parer. Aidez-moi,
» vous jouirez du plaisir que j'aurai à por-
» ter les couleurs qu'il préfère. »

Florvel, déjoué par cette naïveté à laquelle il ne s'attendait pas, ne sut que répondre : il prit, d'un air distrait, quelques
fleurs qu'il entrelaça. Bientôt après, sous
un prétexte quelconque, il s'éloigna de Zunilda, qu'il laissa seule achever ses guir-

landes. En la quittant il suivit tout pensif
le premier sentier qu'il trouva. Ses réflexions
lui découvrirent d'abord que son amour-
propre était humilié; cette pensée le cho-
qua; mais il l'eut bientôt éloignée. La vanité a tant de refuges ! « Il était naturel, se
» disait Florvel., que Zunilda, avec ses
» idées communes, son peu de tact, tînt
» aveuglément à son petit montagnard.
» Avant d'être en état de choisir, il faut que
» le goût soit formé.—Mais, ajoutait-il,
» une chose assez neuve, c'est que la vanité,
» qui est innée chez les femmes, n'ait pas
» plus de prise sur cette ame simple ; elle
» aurait dû s'en emparer davantage, l'at-
» tirer vers celui qui lui prodiguait tant de
» louanges, exprimées d'une manière qui
» lui est inconnue. Au lieu de l'enivrer d'a-
» mour-propre, cet encens ne lui plaisait
» qu'en lui indiquant ce qui devait plaire à
» son Elerz. Voilà vraiment un petit phéno-
» mène. »

Florvel, tout en réfléchissant, marchait
toujours. Il se trouva fort loin de la maison,
et pensant sans cesse à Zunilda. « J'y suis

» résolu , s'écria-t-il tout à coup , prenons
» un moyen différent ; j'avais tort. Une
» femme loin de tous les regards a peu d'or-
» gueil ; elle n'a , comme tout son sexe,
» qu'une vanité d'instinct trop faible pour
» combattre l'amour. Il faut feindre de l'ai-
» mer, voilà le moyen auquel rien ne ré-
» siste dans les villes , dans les campagnes ,
» sur les trônes et dans les chaumières......
» Retournons près de Zunilda, et affectons
» une douleur secrète. »

On était inquiet de Florvel ; l'heure du
premier repas était passée depuis long-temps.
Il arrive préoccupé, pensif... C'est Elerz qui
s'aperçoit le premier de sa feinte mélancolie. Zunilda ne lui parle que de la parure
de roses , que son amant a trouvée charmante.

Florvel, sans lui répondre , paraît toujours distrait ; il prononce à peine des mots
coupés et sans suite, de ces mots qui souvent
avaient si bien réussi près des femmes ; mais
ils perdent entièrement leur effet avec Zunilda.

Elerz , sensible à la peine de Florvel , en

avertit sa maîtresse, qui, ne pouvant jamais
être émue que par de bons sentimens, passe
subitement de la gaieté à l'inquiétude. Florvel l'observe; il en jouit en secret; mais cependant ce mouvement n'est pas venu d'elle,
c'est Elerz qui l'a provoqué. Les deux
amans l'interrogent; il ne leur répond que
vaguement, et s'éloigne.

« Qu'importe, se dit-il à lui-même,
» que cette première idée de ma peine lui
» soit venue par Elerz? La voilà tourmentée;
» elle cherche, elle réfléchit. Elle devinera
» que je l'aime, et dès-lors elle se gardera
» bien de le dire à son amant..... Première
» manque de confiance en lui; premier tort,
» premier pas vers un secret, entre nous
» deux, ignoré d'Elerz; premier degré d'es-
» pérance pour moi. Ou bien elle ne com-
» prendra pas ce que je veux qu'elle croie;
» dès-lors je saurai le moment de l'en ins-
» truire. »

Zunilda et Elerz n'étaient pas sans inquiétude sur Florvel, qui venait de les quitter
si tristement.

« Que ne donnerais-je pas pour savoir

» ce qui le tourmente, disait Elerz ? Qui
» de nous deux le découvrira ? Toi , ré-
» pond-elle, tu as déjà l'avantage ; tu as
» su voir avant moi qu'il souffrait. Peut-
» être, reprend Elerz, il regrette la France ;
» peut-être y a-t-il laissé celle à qui il a
» donné sa foi........ Oh ! non, s'il aimait,
» il n'aurait pas quitté sa patrie! Tiens,
» reprend Zunilda, le voilà qui écrit. Tant
» mieux, cette occupation qui va le distraire
» sera peut-être un adoucissement pour
» lui. »

Ainsi ces aimables hôtes ne s'occupaient
que de vœux pour son bonheur ; et le coupable Florvel ne répondait à des intentions
si pures que par des projets criminels qui
devaient amener tant de maux. Ce qu'il
écrivait n'était autre chose qu'une chanson
faite sur un air de montagne qui plaisait à
Zunilda. Florvel y peignait un tourment
secret qu'il n'expliquait pas.

Voici la traduction de cette romance qu'il
avait faite en langue suédoise , imitant la
simplicité des chansons du pays.

Je sens en moi naître un tourment ;
Mais cependant, quoiqu'il m'agite,
C'est en secret, si doucement,
Que je tremble qu'il ne me quitte.

———

Quand je suis seul, il est plus fort ;
Et depuis cette inquiétude,
En m'abandonnant à mon sort,
J'aime encore plus la solitude.

———

Peut-être est-ce là le secret ;
Et faut-il, quand on nous destine
A ressentir bonheur parfait,
Souffrir un peu, je le devine.

Il laissa, comme par hasard, cette chanson à la place qu'il quittait, et s'éloigna. Pendant qu'Elerz, inquiet, le suit, Zunilda voit de loin le papier ; elle le ramasse et le lit. Cette chanson tendre et mélancolique la charme ; elle la relit mille fois. Cependant Elerz veut en vain suivre Florvel. Celui-ci le rassure, lui dit qu'il a besoin de solitude. Elerz n'insiste pas, et se retire.

On juge avec quelle rapidité Florvel courut à la place où il avait laissé sa chanson. Il ne la voit plus ; quel bonheur ! Zunilda l'a trouvée, sans doute. Peut-être en ce moment elle la lit ; elle devine le sens caché de ces paroles. Ces paroles sont sur un air aimé. Zunilda la chante indubitablement. Les sons touchans de sa propre voix, unis à des expressions amoureuses, peuvent porter dans son ame une douce langueur dont il profitera. Quelle heureuse idée ! que d'espoir ! Mais où est-elle ? Le moment est favorable : c'est celui qu'Elerz choisit pour la chasse. Zunilda est seule, et n'aura pas voulu abandonner son ami à la douleur qu'il feint d'éprouver. Où la trouver ? Il parcourt la vallée, cherche dans les bois voisins de la maison ; enfin, fatigué de ses recherches, il entre, arrive au bosquet du jardin.... Il n'a pas fait quelques pas, qu'il entend les accens de Zunilda ; il se cache ; il s'approche doucement. C'est assez pour lui de l'entendre ; a-t-il besoin de la voir ? Elle chantait le premier couplet de sa chanson. Quelle douce émotion il éprouve ! Zunilda mettait une expression si tendre à son chant ! « — Eh quoi ! se dit-il, serai-je » donc vraiment amoureux ? .... Non ,

» non, rassurons-nous, ma tête seule est
» enflammée ; hasardons tout, chantons
» l'autre couplet.... Si Zunilda répond
» par le troisième, plus de doute, elle
» m'a deviné. L'accent de sa voix, en
» chantant mes paroles, est tout en ma fa-
» veur.... » Sans se montrer, il chante ; sa
voix était agréable ; à un goût naturel, il
joignait beaucoup d'art. Jamais, peut-être,
il n'avait tiré de ses talens un parti plus brillant.... Il a fini de chanter. Il se fait un silence profond.... Avec quelle agitation il
en compte la durée ! comme elle lui paraît
longue ! va-t-on lui répondre ? Il écoute...
Toutes ses facultés sont suspendues ; tout
est en repos ; l'air est calme, le feuillage
sans mouvement.... Enfin, la bouche de
Zunilda vient de s'ouvrir. Le premier son
de sa voix tendre vient frapper à la fois
l'oreille et le cœur de Florvel. C'est le dernier couplet ; c'est le plus expressif par la
mélancolie qui l'a dicté. Les sons de Zunilda semblent disputer de charmes avec la
tendre simplicité des paroles..... Florvel,
au comble du bonheur, n'est plus maître

de lui ; il est au moment de se jeter aux
pieds de Zunilda.... Mais il est arrêté par
ces paroles. « Approche-toi, dit-elle, viens,
» viens encore plus près de moi ; si j'ai
» mieux chanté ce couplet, c'est que je te
» voyais près de moi ; ton regard animait
» mes chants. Viens, mon Elerz, ma voix
» calme les peines de notre ami, je chante-
» rai mieux, pressé contre ton sein.... Puis-
» que cette chanson fait du bien à Florvel,
» et qu'il mêle avec plaisir sa voix à la
» mienne, il faut la répéter. »

Je ne chercherai pas à peindre ce qui se
passa dans l'ame de Florvel. Le dépit et la
rage de s'être si cruellement trompé s'em-
parèrent de lui. Zunilda recommença la
chanson. On juge s'il l'entendit, s'il fut
tenté d'y répondre. Rien ne pouvait l'arracher de la place où il souffrait tant ; il semblait y être attaché. Par un mouvement involontaire, il voulut voir les deux amans.
Il dérangea les branches avec vivacité, pour
se donner ce douloureux spectacle. Mais prenant à peine le temps de les apercevoir, il
se leva tout à coup, et courut se renfermer

chez lui. Pour augmenter son humeur, Florvel trouve dans l'escalier les débris des barbeaux de Zunilda. L'on remarquait qu'elle avait affecté de les fouler à ses pieds.

Il semblait que tout se réunît pour humilier l'amour-propre de Florvel.

Il veut dessiner ; il s'approche de la fenêtre pour saisir quelque site agréable. Le premier objet qui frappe sa vue, est le bosquet d'où il sort. Il ferme brusquement le volet ; son crayon tombe, se brise ; il prend un livre ; mais il n'entend pas ce qu'il lit.

Cependant les deux amans se lèvent, s'approchent de l'endroit où ils croyaient voir Florvel ; ils le cherchent inutilement.

Enfermé chez lui, il s'agitait, il se promenait à grands pas. « Quel est donc le rôle
» que je joue, se disait-il ? Eh quoi ! une
» jeune personne sans art, sans usage, une
» simple habitante de ces vallées m'occupe,
» me résiste ! Je descends pour lui plaire,
» au point de me mettre en rivalité passa-
» gère avec ce jeune Elerz, un montagnard
» sans charmes, sans moyens, et il est
» préféré ! Je m'humilie moi-même en dai-

» guant faire des efforts pour l'emporter
» sur un tel rival….. C'en est assez ; partons.
» Eloignons-nous, abandonnons ces contrées
» et ce genre de vie indigne de moi ; laissons
» ces deux êtres à ce qu'ils appellent leur
» *bonheur.* Cette Zunilda vaut-elle les soins
» que je daigne lui rendre ? Peut-elle m'en-
» tendre enfin ? a-t-elle rien de ce qu'il
» faut pour répondre à mon goût, à mon
» esprit, à mon langage ? Elle n'a pu que
» me tenter un moment, dans le désœuvre-
» ment de cette solitude. Si je le voulais
» bien, il ne tiendrait qu'à moi… Dès-lors
» ma vengeance serait terrible ; mais je sens
» bien qu'elle n'a pas fait la plus légère
» impression sur mon cœur. »

　Ainsi Florvel croyait ne sentir que les
blessures de son amour-propre. Trop or-
gueilleux pour s'avancer, vaincu par Elerz,
et subjugué par Zunilda, Florvel marchait
d'erreurs en erreurs, et ne connaissait pas
la véritable situation de son ame. Il sort
pour avertir les deux amans que, dès le
lendemain, il les quitte, et que des affaires le rappellent. Il rencontre Elerz.

« Vous voilà donc, Florvel ! Comme vous
» nous avez inquiétés ! Ma Zunilda vous
» cherche de son côté ; nous ne sentons
» point notre bonheur, quand nous vous
» voyons du chagrin, et que nous en igno-
» rons la cause. Je viens vous apprendre
» une chose qui peut-être vous distraira
» de votre mélancolie. C'est dans huit jours
» l'anniversaire de la naissance de Zunilda.
» Nous la fêterons. Les habitans du bourg
» viendront nous aider ; ils aiment tant Zu-
» nilda ! c'est à qui le lui témoignera ; vous
» joindrez vos soins aux nôtres. N'est-il
» point vrai qu'Elerz est le plus heureux
» de tous ? Elle n'a pas, comme les dames
» des villes dont nous avons parlé, des grâces
» recherchées, de belles parures ; mais moi,
» voyez-vous, mon ami, je ne lui désire
» rien ; et vous, je connais votre cœur ; vous
» connaissez le sien, sa bonté. Oui, je suis
» sûr que vous l'aimez presqu'autant que
» je l'aime..... »

Ce discours d'Elerz change à l'instant les
projets de Florvel. « Je voulais partir, dit-
» il ; mais je vous dois trop à tous deux,

» pour m'éloigner en ce moment. Je mêlerai
» mes vœux à ceux de tout le canton pour
» l'aimable Zunilda.

« Quoi ! nous quitter, reprend Elerz !
» à peine trois mois se sont écoulés depuis
» qu'un sort heureux vous a conduit ici.
» Après avoir habité quelque temps en-
» semble, on s'attache. Pourriez-vous vous
» éloigner, sans avoir été témoin du bon-
» heur que j'attends ? Moi, je le sens ;
» pour le bien goûter, j'ai besoin de votre
» présence. »

Florvel répondit avec plus d'embarras
que de tendresse à ce bon mouvement de
l'ame d'Elerz, et le quitta. On ne le vit pas
le reste de la journée ; même, tout le lendemain, il fut absent. Elerz apprit qu'il
était allé au bourg d'Hédémona. N'ayant rien
trouvé de ce qu'il cherchait dans ce lieu
pour les offrandes qu'il préparait, il avait
dépêché son valet à Stockholm ; pour lui,
il ne revint que le soir à la vallée. Huit
jours se passèrent pendant lesquels il affecta
la même mélancolie. Enfin arriva le jour de
la fête pour la naissance de Zunilda. Dès

l'aube du jour, la vallée retentit des sons des musettes, des hautbois de tous les pâtres qui descendaient de la montagne. Ce fut à ces sons répétés par les échos que Zunilda s'éveilla. En se levant, elle choisit le chapeau de la paille la plus brillante, pour couvrir ses beaux cheveux noirs comme le jais, et tressés en mille nattes, dont quelques-unes s'échappant retombaient sur ses épaules. Une corbeille de fleurs était suspendue à sa fenêtre ; elle la prit avec empressement, et trouva un bouquet et une couronne de roses blanches, mêlée de quelques bluets et de pensées. Ce ne fut qu'en les touchant, que Zunilda s'aperçut que ces fleurs étaient artificielles. A la couronne était attaché un ruban sur lequel elle lut : *Ces fleurs ne se fanent point; ne méprisez pas l'art ; il l'emporte quelquefois sur la nature.* Zunilda examinait ces fleurs, et ne concevait pas, en les trouvant si jolies, qu'elles n'eussent point d'odeur. Tout cela était aussi étrange pour elle, que les pensées de Florvel. Par un instinct secret, la couronne, le bouquet de Florvel lui représentaient moins un orne-

ment qu'un objet de curiosité. Elle ne son-
gea pas à s'en parer. Bientôt sa porte s'ouvrit. Elerz vint à la tête d'un groupe de
jeunes garçons et de jeunes filles, qui appor-
taient tous leurs présens. L'un tenait un
panier de joncs, l'autre un agneau, l'autre
un chevreau blanc, les autres des tourterelles privées. Elerz n'avait pu trouver de
fleurs, à cause de la saison avancée. Il apportait une branche d'un arbrisseau des montagnes, couverte d'un petit fruit rose et blanc
qui, sans avoir la fraîcheur des fleurs, en
remplaçait l'éclat. Il brisa la branche en
deux parties inégales ; la plus grande devint le bouquet de Zunilda ; la plus petite,
l'aigrette de son chapeau. Il attacha lui-
même cette simple parure qui, s'opposant
par ses reflets à la blancheur de son teint,
à la sombre couleur de son deuil, formait un
ensemble charmant.

Zunilda, belle comme le jour, fraîche
comme la rosée, embrassait toutes ses compagnes, serrait avec franchise et candeur la
main des jeunes compagnons d'Elerz, recevait leurs présens. Tout à coup elle se

rappelle

rappelle sa corbeille , son bouquet , sa
couronne de fleurs artificielles ; elle les montre aux jeunes filles ; leur explique que ces
fleurs ne *se fanent point* ; c'est la seule chose
qu'elle avait comprise. L'étonnement est
général ; la couronne , le bouquet passent
de mains en mains ; c'est à qui les admi-
rera, les enviera. Plus une chose a de prix,
moins Zunilda semble y tenir. Elle prend
la couronne , elle effeuille, dénoue le bouquet, et partage tous ses débris entre toutes
ses compagnes. Florvel arrive en ce moment.
Il avait vu de loin Zunilda détacher la corbeille de sa fenêtre; il venait jouir de l'effet
de ses soins; il se flattait de voir sa couronne
orner cette tête charmante , son bouquet
approcher du sein de Zunilda.... Mais quel
spectacle pour lui ! Mille mains se partagent
ses présens. Pour comble de peine, personne ne s'abuse sur l'auteur de ces dons ;
on le reconnaît, on le félicite , on le vante;
chaque jeune fille qui possède une fleur , une
feuille, le remercie, comme si elle lui devait de la reconnaissance. Il est encore forcé
de se contraindre et de cacher l'excès de son

III.   9

dépit. Zunilda, toujours bonne et naturelle, trouve si simple d'avoir donné ce qui lui appartient, qu'elle croit que Florvel jouit comme elle de l'usage qu'elle a fait de ses fleurs. Elle est bien loin de songer à lui en faire la moindre excuse ; elle ne lui parle que du plaisir que son présent fait à toutes ses compagnes, et lui demande si la parure qu'Elerz vient de lui donner lui sied bien. C'était le mettre à une trop cruelle épreuve. Il répond à peine par un compliment dont lui seul sent toute la maladresse.

Mais les sons de la musique champêtre avertissent qu'on est rassemblé. On sort de la maison. Zunilda s'appuie sur 'le bras d'Elerz. Toutes les jeunes filles prennent chacune la main d'un ami, d'un frère, d'un amant. Florvel est seul et suit en silence. Sorti le dernier, il aperçoit la corbeille élégante, dans laquelle il avait placé la couronne et le bouquet....... Il la saisit, la met en pièces, et rejoint tristement la troupe pastorale, sans être même en état de jouir du spectacle qui va frapper ses yeux.

Toute la plaine est peuplée par les habi-

tans du bourg et des villages environnans.
Mille groupes différens s'offrent aux yeux.
Les uns, assis aux pieds des arbres, font un
repas auquel la gaieté préside. Sur leur tête,
des enfans se jouant dans les branches,
cueillent des fruits, et les jettent aux con-
vives, qui se disputent d'adresse pour les
saisir les premiers. Plus loin, de jeunes filles
se livrent au plaisir de la course. La rapidité de leurs pas, la légèreté de leurs habits
qui voltigent : tout se réunit pour dessiner
un joli tableau. Ici, des jeunes gens tirent
de l'arc, des groupes nombreux fixent
leurs regards sur le prix. D'autres accourent avec empressement, dans la crainte de
ne pas arriver avant le départ de la flèche
rapide ; près du but est le char des mois-
sons, oisif le jour de la fête. Tout est livré
par la confiance à la bonne foi publique.
Cette utile voiture portait hier les trésors
de la terre ; aujourd'hui elle sert d'amphi-
théâtre aux habitans, curieux du spectacle.
L'un est sur les roues ; les autres sur le ti-
mon ; un plus agile est en équilibre sur la
traverse la plus élevée ; son pied pose sur la

place glissante que la main du laboureur saisit pour y poser les dernières gerbes. Il ne s'y soutient qu'un instant, il saute à terre ; un autre essaie en vain de le remplacer. C'est un mouvement rapide et continuel, et le spectateur , par sa curiosité , devient un spectacle lui-même. Mais le bruit cesse. Un calme religieux remplace la gaieté. Le ministre paraît. Il s'approche de Zunilda ; il la prend par la main. A ce signal , les hommes et les femmes se séparent. Ils marchent en silence sur deux colonnes vers *le bois des Naissances.* C'est un lieu destiné par un antique usage à réunir tous les arbres consacrés par la naissance de chaque enfant qui vient augmenter les familles. Ce bois est dans le vallon , entre deux montagnes. L'abord en est difficile ; les montagnes se resserrant ne laissent qu'un étroit passage ; mais bientôt la scène s'ouvre, et laisse voir un bois étendu que divise en deux parties égales un large ruisseau qui descend des rochers. D'un côté s'élève le bois des femmes ; sur l'autre rive est celui des hommes ; tantôt rapide, tantôt arrêté dans son cours , ce ruisseau semble être le fleuve de la vie.

Les bons Dalécarliens sont trop simples pour avoir pensé à cette image. Le hasard seul leur a fait choisir ce lieu. Un père qui reçoit du ciel un enfant désiré, plante un mélèse sur la rive droite du ruisseau si c'est un garçon ; un cèdre sur la rive gauche si c'est une fille. Quand le sort frappe l'enfant dont cet arbre a marqué la naissance , la famille se rassemble, vient arracher et briser l'arbre. Elle en enferme les débris dans la tombe de l'enfant. Les racines seules sont séchées au feu , qu'on allume avec les branches du même arbre ; ensuite elles sont conservées comme un tendre souvenir dans l'intérieur de leur maison. Tous les ans, à l'anniversaire de la naissance , les parens se réunissent encore. Zunilda n'en a plus. Elle n'a pour famille qu'Elerz et tous les habitans de la vallée , dont l'estime et la tendresse lui ont fait presque des parens. On approche des montagnes ; les deux colonnes d'hommes et de femmes se rejoignent dans le passage étroit qui conduit au bois des

Naissances. On arrive sur deux points différens , où les colonnes se séparent encore et
franchissent le ruisseau. Bientôt un cèdre
jeune , mais déjà majestueux , s'offre aux
regards. On l'entoure. C'est l'arbre de Zunilda. Il est en pleine sève , ses rameaux se
déploient avec élégance. Elerz a hérité du
droit de le cultiver , depuis qu'elle a perdu
son père , et qu'elle a promis sa main à son
amant. Une haie que lui-même a plantée
préserve l'arbre de toute attaque , de tout
accident imprévu. Il ne se passe pas de jour
qu'Elerz ne vienne l'admirer , le soigner.
Mais en ce moment, avec quelle tendre vénération il s'en approche ! Tous les habitans restent à une distance indiquée. Zunilda seule , noble , décente , appuyée religieu-
sement sur le cèdre , pose une main sur le
bras du saint ministre qui chante un canti-
que répété par tous les assistans. Elerz apporte au prêtre un vase rempli de l'eau la
plus pure ; il y mêle quelques gouttes de
lait , effeuille dans cette onde une fleur des
champs , en attachant un regard tendre sur
Zunilda. Alors le ministre fait le tour du

cèdre, arrose également ses racines ; puis ,
élevant sa voix et ses bras vers le ciel , il
prononce cette prière :

« O ciel ! prolonge les jours de Zunilda !
» protége une vie qu'elle consacre au fidèle
» ami qu'elle a choisi pour son époux! Que
» cet arbre aimé , toujours plein de la sève
» qui le vivifie , soit le symbole des jours
» fortunés de Zunilda !

» Nous t'offrons tous nos vœux pour le
» bonheur d'Elerz et de Zunilda. Nous les
» recommandons tous deux à ta bonté. Pu-
» nis quiconque pourrait nuire à leur féli-
» cité, jeter le moindre trouble sur leur
» vie. Puisse-t-il en être seul la victime, et
» voir retomber sur lui les maux qu'il au-
» rait voulu leur causer ! »

Florvel s'était approché de l'arbre , et paraissait plongé dans la rêverie. Les dernières paroles du ministre l'en tirèrent tout
à coup. Il ne put les entendre sans frémir ,
et se mêla dans la foule , pour cacher le
trouble qui l'agitait.

La cérémonie se termine. On sort du bois.
A peine est-on rentré dans la vallée , que la

joie recommence. Les jeux, les courses, les danses se renouvellent ; tout s'anime , tout se livre à la franche allégresse. Zunilda s'est assise sur un banc de gazon. Elerz est à ses pieds.

« Quel jour pour moi, ma Zunilda , lui
» dit-il, en serrant ses mains dans les
» siennes ! Vingt fois, les arbres ont re-
» fleuri, depuis l'instant où le ciel fit pré-
» sent de Zunilda à la terre et à moi. Je le
» bénis. Je n'aime ce jour que pour toi ,
» mon Elerz , reprit Zunilda. Tant que ces
» arbres, dont tu parles, refleuriront, tu me
» verras toujours la même, tu es toujours
» présent à ma pensée. Ton être se confond
». si bien avec le mien, que je ne peux plus
» les distinguer.

» Ma Zunilda, quand le ministre arrosait
» tout à l'heure les racines de cet arbre ,
» as-tu vu mes yeux ? Mes larmes coulaient ;
» mais elles étaient douces. — Ah ! sans le
» respect pour la prière , j'aurais couru les
» essuyer , et te presser dans mes bras ! »
— Et tout en parlant des larmes d'Elerz ,
tous deux en répandaient encore.

En ce moment, où était Florvel? Le souvenir des paroles du ministre le troublait;
mais pourtant il n'abandonnait pas son dessein. Les projets de l'amour-propre sont les
plus difficiles à détruire, surtout dans une
ame endurcie, guidée seulement par les
passions froides qui dominent, sans enflammer.

Une troupe de jeunes filles venait de séparer Zunilda d'Elerz, et de l'entraîner à
la danse. Le tambourin, les musettes, par
des airs gais et d'une mesure rapide, enle-
vaient tous les danseurs et les danseuses qui,
par leur légèreté, ne semblaient toucher à
terre, que pour reprendre un nouvel essor,
Tout à coup, une explosion violente se
fait entendre. Tambourin, musette, danseurs, tout s'arrête à la fois; les oreilles sent
attentives; les corps se penchent du côté
d'où vient le bruit. Mais il a cessé..... La
musique et la danse recommencent avec plus
de vivacité. Un second coup part, plus fort
que le premier, et suspend encore les plaisirs. Alors Florvel dit d'un air mystérieux
à Zunilda : les deux coups sont partis de ce

petit bois ; il faut nous en approcher... Oui, reprend Elerz, allons. Mais que la musique nous accompagne. Aussitôt les instrumens se réunissent, ouvrent la marche, et la troupe joyeuse les suit, en chantant les rondes du pays. On arrive à l'entrée du bois. Zunilda trouve sous une tente un repas aussi magnifique que le lieu pouvait le permettre. Tous les arbres voisins étaient ornés de guirlandes et chargés de devises galantes, et de vers à la louange de Zunilda.

Florvel fait asseoir Zunilda à table, avec ses compagnes les plus chéries. Il se place auprès d'elle. Elle lisait beaucoup de devises sans les comprendre ; mais il les lui expliquait, autant qu'il le pouvait, devant Elerz. Voyant qu'elle a de la peine à saisir le sens de ses pensées, il hasarde de saisir sous la table une des mains de Zunilda. Elle, pleine d'innocence, n'y comprend rien, lève ses beaux yeux, croit qu'il l'avertit de regarder les devises. Il ose encore serrer sa main avec un regard plus expressif. Il n'est pas mieux entendu. Zunilda laissait toujours avec candeur sa main dans la sienne.

Florvel désespérant de se rendre intelligible, n'ose plus faire la même tentative.

Tous les habitans étonnés s'avançaient tour à tour, entouraient la table. Mais bientôt ennuyés de ce froid spectacle, ils emmènent les instrumens et reprennent leur danse, à l'entrée du bois.

Zunilda dans l'élan d'une gaieté si naturelle, si simple pour son âge, se lève, prend la main d'Elerz, et court à la danse, suivie de toutes ses compagnes.

Le soir approchait ; le galant Français n'avait pas voulu que sa fête se terminât avec le jour. Des fossés avaient été creusés en différens endroits derrière des groupes d'arbres. On les avait remplis de matières destinées à produire des feux, dont la flamme cachée devait porter une douce réverbération sur les arbres.

Florvel hésitait, par humeur et dépit, s'il offrirait ce dernier bouquet à Zunilda. Cependant tous les préparatifs étant faits, il se décide ; il donne le signal. A l'instant, tout le bois et une partie de la plaine qui l'environne, sont éclairés subitement. Le soleil ayant disparu, la danse finissait. Florvel avait voulu joindre un plaisir à un autre; mais il est toujours malheureux. N'ayant mis dans sa confidence que quelques travailleurs, tous les habitans et les danseurs, à l'aspect de cette flamme soudaine, ne doutent pas que le feu ne soit au bois, et dans les habitations semées sur la plaine. Elerz et Zunilda sont saisis du même effroi; ils se précipitent de tous côtés. Un son d'alarme est répété dans les villages. On accourt; le trouble est général. En vain Florvel et ses agens courent partout pour rassurer les habitans; en vain s'écrient-ils que c'est une fête, et non un incendie; les uns ne les entendent pas; les autres les croient en démence. La tente, les guirlandes, les devises, tout est culbuté. Enfin, au bout de quelques heures, le feu est étouffé. Chacun encore effrayé regagne sa demeure. Florvel enfin parvient à se faire entendre d'Elerz et de Zunilda, à persuader que ce qu'il avait préparé devait être charmant.

Rien ne réussissait à Florvel. Cet état

d'incertitude secrète l'agitait sans cesse. Peut-
être en était-il au point de ne pas oser descendre dans son cœur. Absorbé dans ses
doutes et ses rêveries, il entre le matin chez
Zunilda, et la trouve toute en larmes. Le bon
Elerz à ses pieds, cherchait à la consoler.

La guerre venait de se déclarer entre la
Suède et la Russie. On faisait des levées
d'hommes. Deux jours après, Elerz allait
être obligé de tirer au sort dans le bourg
voisin.

« Calme-toi, ma Zunilda, disait-il ; peut-
» être le sort ne tombera pas sur moi ; mais
» s'il faut partir, j'irai défendre ma patrie ;
» je veux me distinguer, pour me rendre
» plus digne de ma Zunilda. Sans doute en
» te quittant, mon cœur souffrira ; mais
» dans cette infortune, c'est un adoucisse-
» ment de songer que je laisse près de toi
» un ami sûr et fidèle. Si jamais Florvel
» eut quelque attachement pour nous, voilà
» l'instant de nous le prouver, en me jurant
» qu'il ne te quittera pas, jusqu'à mon
» retour. »

On connaît à présent Elerz et Florvel ;

on juge de ce qui se passait alors dans l'ame de chacun d'eux. Rien n'attendrissait ce dernier, ni la confiance touchante d'Elerz, ni les larmes amères de sa maîtresse. Une secrète joie s'empara de son ame, en voyant qu'il allait peut-être se voir délivré d'un rival dangereux. Le but coupable du corrupteur l'emportait encore sur les désirs dé l'homme amoureux.

Elerz partit, il s'arracha des bras de Zunilda ; il embrassa Florvel avec une cordialité bien opposée aux sentimens secrets de son rival. Celui-ci, se sentant pressé dans les bras de l'ami qu'il voulait trahir, éprouva un mouvement involontaire ; mais qui tenait plus à l'embarras qu'au remords.

Quatre jours devaient décider du sort d'Elerz. Si Florvel eût été sûr de son départ pour l'armée, vraisemblablement il n'eût pas fait l'essai des derniers moyens pour corrompre Zunilda ; mais aimant mieux ne rien livrer au hasard, il résolut de tout tenter pendant les momens d'absence, peut-être les seuls qui lui restaient.

Dans un lieu solitaire, au fond d'un bois

où tout respirait le calme et la paix , il fait construire à la hâte une cabane ; il en orne l'intérieur à grands frais , avec toutes les choses élégantes que son imagination invente , et que le lieu peut lui fournir.

Le peu de fleurs qui restent encore sont enlevées au loin dans les campagnes. On les distribue dans la cabane , en bouquets , en guirlandes , en festons.

Florvel ne quittait point Zunilda. Confiante , elle recevait sans peine tous les soins qu'il lui prodiguait pour distraire sa douleur. Le prétexte simple de la part qu'il y prenait , l'autorisait à mettre auprès d'elle plus de chaleur et d'expression dans ses discours. Les ames pures sont celles qui se livrent aisément à la consolation qu'on leur offre.

Florvel propose à Zunilda de sortir. La soirée était belle , le temps calme et serein. Zunilda suit Florvel , en s'appuyant sur son bras.

Après quelques détours, ils arrivent à la cabane. Zunilda reconnaît la galanterie de Florvel , et l'en remercie ; elle examine

avec plus de complaisance que de plaisir
tous les détails de cette retraite. Il la fait
asseoir , se place auprès d'elle ; il prend une
guitare , et chante des paroles analogues à
sa situation.

ROMANCE.

Ce qui vous pare , ô riante prairie ,
Ce qui vous prête à mes yeux des appas ,
C'est que j'ai vu l'élégante Zélie ,
Toucher vos fleurs de ses pieds délicats.

———

Ruisseau charmant , ta course n'est si pure
Que pour avoir , à l'ombre des roseaux ,
Pressé son corps , répété sa figure
Dans le cristal de tes limpides eaux.

———

L'ardent été qui brûle notre plaine ,
Semble à ses yeux dérober sa chaleur ;
L'air embaumé doit à sa douce haleine
Sa pureté , son parfum , sa fraîcheur.

Zunilda , toujours triste , entend plus
qu'elle n'écoute. Dès que Florvel la voyait
trop distraite, le nom d'Elerz était prononcé. A l'instant même, ses beaux yeux
se tournaient vers Florvel , son oreille s'ou-

vrait avidement ; alors l'adroit corrupteur changeait insensiblement d'objet dans ses chants, dans ses discours. Le bonheur, l'ivresse de l'amour étaient célébrés. On ne rappelait plus le nom d'Elerz ; on cherchait à l'éloigner de la pensée. Mais quand on cessait de parler d'Elerz, le froid, la distraction revenaient. Enfin, c'était un feu toujours brûlant que l'on couvrait et découvrait tour à tour.

Florvel ne se décourage pas ; la douleur dont il est témoin l'enhardit à prendre les mains de Zunilda, à essuyer les pleurs de ses yeux, à la presser même dans ses bras, avec une tendresse qu'elle ne prenait que pour l'expression de son amitié. Loin de s'en effrayer, elle écoutait les paroles de consolation qu'il prononçait avec une voix agitée. Quelquefois même, la belle tête de Zunilda se penchait sur l'épaule de Florvel. Il brûlait, se consumait ; il était dans une situation à la fois douce et désespérante.

Son seul but était d'égarer la tête de Zunilda ; tantôt il se félicitait de la victoire ; il croyait voir la volupté pénétrer insensiblement dans ses sens, et produire la douce langueur qui l'accablait ; d'autres fois il n'apercevait en elle que les symptômes de l'innocence et des regrets. Son art était à bout; toutes les caresses pures étaient hasardées; un degré de plus pouvait le trahir, et ne réussissant pas, ne lui laissait que la honte d'un projet odieux.

« Elerz ! Elerz ! s'écrie tout à coup Zu-
» nilda, que ne peux-tu voir tous les soins
» de ton ami pour moi ! Combien ta ten-
» dresse en jouirait ! Si ma douleur pouvait
» diminuer, je la sentirais moins près de
» lui. »

En achevant ces mots, elle jette sur Florvel un regard tendre et touchant qui pénètre jusqu'au fond de son ame ; elle presse une de ses mains avec une affection vive, qui marquait à la fois sa candeur et sa sensibilité.

« Adorable Zunilda, répond Florvel, ai-
» je quelque mérite à aimer ce que la nature
» a produit de plus parfait et de plus es-
» timable ! Dans les temps où l'on adorait
» de simples mortelles, on vous eût élevé
» des autels ! »

Comme un son discordant vient quelquefois interrompre une douce harmonie, cette
louange forcée, cet enthousiasme factice de
Florvel, joint au mouvement de son visage,
au feu qui sortait de ses regards, arracha
tout à coup Zunilda de son doux abandon.
Elle regarde Florvel avec étonnement ; elle
cherche à quoi tenait cette chaleur subite,
imprévue ; mais incapable de rien imaginer
de contraire à l'innocence, et n'ayant pas
l'habitude de s'expliquer tous les discours
de Florvel, elle ne s'efforce pas long-temps
à le comprendre, et sa pensée retourne à
son cher Elerz. Pour augmenter le délire
de Florvel en ce moment, Zunilda, em-
barrassée d'une gaze légère qu'elle portait,
la jette avec distraction, et découvre aux
yeux de Florvel une taille enchanteresse
et mille trésors qu'il n'avait pu que deviner,
et dont son œil avide peut saisir plus aisément les contours. Il ne se contient plus,
il s'approche d'elle. Elle était placée vis-
à-vis d'une fenêtre d'où l'on apercevait le
bourg où Elerz était allé. Sentant les
bras de Florvel qui la serrent doucement

elle y répond avec innocence ; elle lui montre la route du bourg , et reste fixée à la même place, les regards toujours attachés sur le même objet. Ses yeux se remplissent de quelques larmes , ses jambes fléchissent , et, dans sa douce rêverie , elle s'abandonne sur Florvel qui l'entraîne doucement....

Le jour était fini. La lune brillait d'un doux éclat ; ses rayons frappaient sur le beau visage de Zunilda , sur ce cou d'albâtre que Florvel dévorait des yeux. Comment peindre l'opposition de tous ces sentimens divers ? La confiance, le calme de Zunilda , le désordre de Florvel, le tumulte de ses sens ? ses mains tremblaient , son cœur battait.... Son ame était bouleversée, sa tête perdue. Au dernier degré de délire , il allait s'abandonner à tous ses transports. Tout à coup Zunilda détache de son sein une tresse des cheveux d'Elerz qui ne la quittait jamais. Elle la porte avec vivacité sur ses lèvres brûlantes ; elle la couvre de baisers et de larmes. « O mon Elerz ! s'é-
» crie-t-elle, peut-être en ce moment le sort
» fatal t'enlève à moi ; peut-être les cruels

» qui t'arrachent à Zunilda vont exposer
» tes jours. Peut-être, hélas ! ta vie qui
» n'était qu'à moi va se perdre dans l'éter-
» nité ! C'est sur ce gage, toujours placé
» contre mon sein, c'est dans les bras de
» ton ami sensible et vertueux, que je jure
» de ne pas te survivre un instant ! Nous
» étions heureux, il y a quatre jours, dans
» le bois des Naissances ; si je te perds,
» c'est dans la vallée des Tombeaux qu'on
» nous réunira. Astre qui nous éclaires,
» guide mes pas !..... Je vais renouveler ce
» serment sur la cendre de mes pères. »

A ces mots, Zunilda se lève. Ses yeux
ne versent plus de larmes ;... mais une douleur profonde les fixe, et jette sur tous ses
traits une sombre gravité.

Florvel, anéanti par le mouvement subit
de Zunilda, reste immobile. Il ne fait nul
effort pour la retenir, et passe tout à coup
de l'espoir, de l'ivresse et de l'étonnement,
à la rage. Cependant il suit les pas de Zunilda ; elle s'est échappée avec vitesse ; mais,
à la clarté de la lune, il la découvre, l'atteint et arrive en même temps qu'elle à la
vallée des Tombeaux.

Elle s'élance dans l'enceinte. Mais une vénération religieuse arrête subitement les pas de Florvel..... Il hésite, il balance. Il porte dans l'enceinte un pied tremblant qu'il retire soudain. Ce silence de la nuit, l'aspect imposant des sépulcres pressés dans ce lieu solitaire, ce triste retour sur lui-même que tout homme éprouve au milieu des morts, tout opère à la fois un prompt changement dans l'ame de Florvel. Ce n'est plus un séducteur corrompu qui poursuit l'innocence; c'est un homme revenu de son égarement, dont l'ame parle plus que les sens, qui réfléchit, qui sort d'un songe enivrant. Il a senti les profondes impressions de ce lieu; il est plus digne d'y pénétrer. Un moment avant, il n'osait y porter ses pas; maintenant il y marche sans crainte; il avance, il erre parmi ces tombeaux; chaque pas qu'il fait dans cet asile du silence l'épure, le porte vers des idées de morale et de religion. Florvel n'est point naturellement vicieux; le monde l'a séduit, son amour-propre l'a précipité dans mille erreurs; il ne faut qu'une grande occasion pour développer

ses vertus. Chaque objet qui le frappe augmente sa rêverie ; chaque réflexion qu'il
fait lui donne un remords. Il cherche encore
Zunilda ; mais c'est avec le calme d'un cœur
épuré. Tout à coup, au détour d'une longue
avenue de cyprès , il aperçoit une tombe
simple entourée de jeunes peupliers ; il
avance. Dieux ! quelle impression profonde
il ressent ! Zunilda prosternée sur ce sépul-
cre l'arrose de ses larmes.

« O mon père , s'écrie-t-elle , je viens
» prier le ciel près de toi ! Près de toi, mes
» vœux seront mieux entendus ! Dieu puis-
» sant, rends-moi mon Elerz !...» Ces derniers mots furent prononcés avec un accent
si tendre, si solennel, que Florvel lui-même
en fut attendri. Des larmes s'échappèrent
de ses yeux. O douce puissance de la candeur
et de la vertu sur une ame sensible !.... Il
croyait entendre en lui-même une voix secrète qui répétait : *Dieu puissant , rendez-
lui son Elerz.* Cette opposition terrible
de la passion et de la pitié produisit dans
tout son être un désordre au dessus de ma
faible expression. Son cœur se déchire ; sa

tête s'enflamme, ses pensées se bouleversent, sa raison s'égare. Il sort de l'enceinte des tombeaux avec la rapidité d'un éclair, et semblable à l'hôte des forêts qui s'échappe à travers les plaines, en emportant dans ses flancs le trait cruel qui le déchire, et qu'il croit arracher par sa vitesse. Ainsi le malheureux Florvel fuyait vers la cime des monts, croyant toujours entendre au fond de son cœur ces mots qu'il prononçait malgré lui : *O Dieu ! rendez-lui son Elerz.*

Cependant, après sa prière, Zunilda était restée sur le tombeau de son père, muette de douleur, absorbée dans un saint recueillement. Un bruit confus se fait entendre ; l'air retentit de cris d'allégresse. Des flûtes pastorales se mêlent aux cris de la joie ; les noms de Zunilda, d'Elerz sont répétés par les échos des vallons ; ils s'approchent ; bientôt on distingue toutes les voix.

Ah ! Zunilda, bonne Zunilda, tu leur es si chère ! Tous les habitans du village sont heureux d'avance du bien que tu vas goûter. Ils te ramènent ton amant en triomphe. Le

sort

sort a respecté ta félicité ; un autre que lui part pour les camps. Zunilda se relève avec précipitation ; elle n'ose encore croire à son bonheur ; elle prête une oreille attentive, un doux frémissement l'avertit qu'elle ne se trompe pas. Elle se précipite à l'entrée de l'enceinte. Elle est dans les bras d'Elerz, dont l'ivresse ne peut se comparer qu'à la sienne.

O doux moment ! les paroles meurent sur leurs lèvres ; les larmes sont dans leurs yeux, et les mouillent sans se répandre ! On les entoure, on les embrasse ; chacun veut leur témoigner sa joie. Ils passent tour à tour dans mille bras ouverts pour les recevoir.

Après ce premier moment d'ivresse, on s'achemine vers leur demeure. Les hautbois, les chalumeaux les accompagnent. A chaque pas, ils sont arrêtés par une nouvelle offrande. L'un apporte un jeune agneau, l'autre du miel des montagnes. Ici, c'est un chasseur qui dépose aux pieds de Zunilda le fruit de son adresse ; plus loin, un enfant lui apporte l'oiseau tremblant qu'il a pris. Le chemin est jonché de fleurs ; l'air, rempli d'acclamations joyeuses. La vieillesse , l'enfance, la jeunesse , tout se mêle à ses doux transports qui s'augmentent en se communiquant.

Que manque-t-il à tant d'hommages ? La présence de Florvel , qui venait de se rapprocher , mais qui se tenait seul à l'écart. Un pouvoir inconnu l'empêchait de voler dans les bras de ses deux amis. Perdu dans ses réflexions, il compare , malgré lui, la douce candeur d'Elerz, de Zunilda, avec le tumulte secret de ses passions.

« Quoi ! se disait-il à lui-même, serait-ce là
» le bonheur ? Ai-je été jusqu'à présent dans
» l'erreur ? Est-il vraiment quelques fem-
» mes incapables de légèreté, et qui puissent
» aimer sans partage , qui soient à l'abri de
» toute séduction ? S'il en est une , c'est
» Zunilda , et un autre la possède ! Quel
» moyen , quel secret a-t-il employé pour
» enflammer son ame ? Ah ! sans doute ,
» son art consiste à n'en point avoir ! Sim-
» ple , naturel comme elle, il lui plaît par
» ce seul point de ressemblance. Abandon-
» nons tous ces moyens d'adresse , qui sont
» perdus auprès de Zunilda. Qu'Elerz soit

» mon modèle. Je saisirai sans peine cette
» nuance de simplicité ; il est plus aisé d'ou-
» blier l'art que de savoir s'en servir. »

Florvel ne tarda pas à exécuter son projet. C'est peu de changer de formes et de
langage ; il adopte un autre habillement.
Ses cheveux blonds, et toujours parfumés,
tombent en boucles naturelles sur son front.
Cette grâce recherchée, que l'on remarque
dans sa personne, est abandonnée pour le
maintien rustique de l'habitant des montagnes.

Il faut en convenir cependant ; c'est cette
nature que Florvel a le plus de peine à deviner. Sous cet extérieur factice, on reconnaît l'homme du monde, déguisé.

Près de Zunilda, ne trahira-t-il pas encore plus ses desseins par ses discours,
qu'il ne rappelle son état par l'élégance de
ses manières ? Un cœur peu sincère imite
aussi mal la candeur que le corps façonné
par l'art ne peut contrefaire la nature.

On avait craint de perdre Florvel, et son
départ ne paraissait que différé. Les deux
amans n'osaient même lui parler de ce mo-

ment cruel. Que l'on juge de leur étonnement, de leur joie, en voyant Florvel prendre les habits du pays, leur laisser l'espoir
qu'il se fixerait près d'eux. Il était trop
adroit pour ne pas chercher à donner un
prétexte plausible à ce changement subit.

Il suppose que les troubles qui déchirent
sa patrie l'en éloignent ; il ajoute qu'il a
appris la triste nouvelle des pertes sensibles
à son cœur.

La misantropie , dit-il, s'empare de lui ;
il veut renoncer pour long-temps à des lieux
qu'il ne peut revoir sans douleur.

Les deux amans s'empressent à le consoler de ses peines supposées ; ils seront tout
pour lui ; amis , famille , patrie , ils lui
tiendront lieu de tout. Ces tendres expressions , ces mouvemens d'une bonté si naïve,
auraient dû rendre Florvel à la vertu.
Mais non ; son amour-propre est trop en
jeu , trop compromis. Il lui sacrifie tout
autre sentiment.

D'ailleurs, Florvel pouvait peut-être encore se le dissimuler ; mais il existait au
fond de son cœur un attrait profond pour

Zunilda, qui ne devait pas tarder à lui faire sentir toute sa puissance.

Plusieurs mois se passent. Florvel, qui jusque là n'avait fait, en quelque sorte, qu'assister aux détails journaliers de la vie des deux amans, y participe lui-même. Il préside aux travaux des champs; l'aurore le trouve dans la plaine. Les agneaux chéris de Zunilda sont soignés et conduits par lui; il élève des fleurs difficiles à préserver de la rigueur du climat. C'est avec une douceur extrême qu'il songe que ces fleurs vont naître sous ses mains pour Zunilda.

Ah! déjà dans ton cœur, Florvel, il s'est fait un changement dont tu ne te doutes pas! Tu crois rendre tous ces soins par simple calcul à celle que tu désires; tu les rends par attrait à celle que tu aimes, sans te l'avouer.

C'était une chose piquante, que l'étude particulière de Florvel pour imiter Élerz, pour chercher en lui ce qui plaisait tant à Zunilda. Quel triomphe pour la nature!

Plus matinal que de coutume, un jour Élerz attendait avec Florvel le réveil de

Zunilda. Pendant les apprêts d'un déjeuner qu'ils faisaient tous trois avec un égal délice, Florvel, peu content de ses observations, voulut, en causant avec son rival, pénétrer les mouvemens de son ame, afin d'en tirer d'utiles lumières pour ses projets.

Voilà quelle fut, à peu près, leur conversation. J'observe que les réponses d'Elerz perdent de leur naïveté par la traduction.

FLORVEL.

Elerz, dites-moi ; votre amour pour Zunilda a-t-il été prompt à naître ?

ELERZ.

Aussitôt que je la vis, je l'aimai.

FLORVEL.

Et n'avez-vous pas cherché à vous en défendre ?

ELERZ.

Je ne vous entends pas.

FLORVEL.

Je demande si vous avez essayé de ne pas l'aimer ?

ELERZ.

Est-ce que cela était possible ? D'ailleurs, pourquoi ?

FLORVEL.

Dans la crainte qu'elle ne répondît pas à votre tendresse.

ELERZ.

Je ne songeai point à cela. Aimer, ce n'est pas penser si l'on vous aimera.

FLORVEL.

Si pourtant elle ne vous avait pas payé de retour, vous auriez été malheureux ?

ELERZ.

Oui ; mais je n'y pensais pas ; je vous l'ai dit.

FLORVEL.

Et quel moyen preniez-vous pour lui plaire ?

ELERZ.

Je l'aimais. Voilà tout.

FLORVEL.

Et vous le lui dites tout de suite ?

ELERZ.

Comme je le sentais.

FLORVEL.

Vous espériez bien qu'elle répondrait de même?

ELERZ.

Je pensais à ce que je lui disais, et non pas à ce qu'elle répondrait.

FLORVEL.

Pourquoi ?..... Car elle pouvait vous répondre : — *Elerz, je ne vous aime pas, je ne veux pas vous épouser.* Vous pouviez donc être inquiet.

ELERZ.

Mon cœur était si plein de ce que je sentais, qu'il n'y avait pas de place pour la crainte. On ne peut pas penser à deux choses à la fois.

FLORVEL.

De ce moment vous rêviez toute la journée aux choses qui pourraient lui plaire, aux moyens qui pourraient la séduire ?

ELERZ.

Non : quand je lui portais des fleurs, et que je restais près d'elle, ce n'était pas pour l'attacher, c'était pour faire ce que voulait mon cœur.

FLORVEL.

Dans toutes les attentions que vous aviez

pour elle, qu'est-ce qui la charmait davantage ?

E L E R Z.

Tout également ; ce que je faisais, ce
que je lui donnais, ce que je lui disais.

F L O R V E L.

Elle, de son côté, chercha promptement
ce qui pouvait vous plaire ?

E L E R Z.

Non, pas plus que moi ; sans y songer
elle ne pouvait pas faire autrement. Tout
d'elle est toujours bien.

F L O R V E L.

Et si quelqu'autre que vous l'eût aimée ?

E L E R Z.

Oh ! nous sommes beaucoup ! Je suis bien
aise qu'on l'aime.

F L O R V E L.

Vous ne connaissez donc pas la jalousie ?

E L E R Z.

Cela ne se peut pas, puisqu'elle m'aime.

Ils en étaient là de leur conversation,

10**

quand Zunilda arriva. Les réponses naïves,
mais désespérantes d'Elerz , avaient jeté
Florvel dans une profonde rêverie. Jamais
Zunilda n'avait eu tant d'enjouement. Sans
remarquer la tristesse de Florvel, elle s'approcha de lui avec cette grâce aimable qui
ne la quittait jamais. « La matinée est su-
» perbe, lui dit-elle, il faut en profiter ;
» j'ai fait préparer notre bateau ; nous sui-
» vrons le cours de la petite rivière qui
» borde la prairie ; elle conduit à la métai-
» rie d'un ami d'Elerz , chez qui nous pas-
» serons la journée. Nous voulons le pré-
» venir du jour de notre mariage qui s'ap-
» proche. Oui , reprit Elerz, mon bonheur
» en sera plus grand quand mes amis le
» partageront. »

Chaque mot était un coup de poignard
pour Florvel ; cependant il parvint à se vaincre. Tous trois s'embarquèrent et s'abandonnèrent au courant. Bientôt le rivage dis-
parut à leurs yeux. Ils étaient placés sur le
même banc. Zunilda , entre Elerz et Florvel ,
avait un bras passé autour du corps de son
amant qui la pressait contre son sein. Une

main de Zunilda était dans celle de Florvel.
» Voilà, dit-elle, voilà comme je voudrais
» passer toute ma vie. » Ce mot livra Florvel
à deux sentimens contraires. Tous les feux de
l'amour le dévoraient !.... Mais cependant
l'expression touchante de l'amitié de Zunilda
et d'Elerz lui faisait éprouver une douceur
dont il ne pouvait se défendre. Cette jouis-
sance secrète et involontaire le plaçait dans
la situation que la délicatesse, les droits de
l'hospitalité lui commandaient. Chaque instant, chaque circonstance l'y ramenait ; l'en-
têtement seul de son amour-propre voulait
en vain l'en distraire.

Pendant que la barque emportait rapidement nos voyageurs, leurs yeux jouissaient
de mille tableaux charmans et variés.....
Les différentes réflexions qui les agitaient,
amenèrent un silence que Zunilda rompit
la première.

« Florvel, dit-elle, vous savez comme
» votre voix me plaît. Chantez, je vous en
» supplie. »

Comment refuser Zunilda ? Voilà ce que
chanta Florvel.

> Cette eau fuit et le temps s'envole
> D'une égale rapidité.
> Jamais, par notre vœu frivole,
> Aucun des deux n'est arrêté ;
> Leur cours nous entraînant sans cesse ;
> Servant ou trompant notre effort,
> Pousse avec la même vitesse ,
> L'un au naufrage , et l'autre au port.

Florvel avait de la peine à être simple ,
même dans le choix de ses chansons. Le sens
figuré ne fut pas entendu tout entier d'Elerz
et de Zunilda. Ils chantaient le refrain avec
Florvel. Celui-ci continua.

> Notre course , dans sa vitesse ,
> Présente et dérobe à nos yeux
> Mille objets qui changent sans cesse
> Ce spectacle délicieux ;
> Mais en vain le tableau varie ;
> Quand l'objet qui plaît vient de fuir ,
> Ainsi qu'une image chérie ,
> Il charme encor le souvenir.

> C'est ainsi qu'un amant bien tendre ,
> Entouré d'aspects ravissans ,
> Ne peut rien voir et rien entendre
> Que l'objet seul de son encens.

Pour lui, dans cette ivresse pure,
Qui le domine chaque jour,
Il n'existe, dans la nature,
Que sa maîtresse et son amour.

Florvel aurait voulu que le voyage fût plus long. Il se trouvait presque heureux, et voyait avec peine le terme de leur navigation ; mais la métairie de l'ami d'Elerz n'était qu'à deux lieues de l'habitation de Zunilda.

Norten (ainsi s'appelait cet ami), était lui-même dans sa barque, et se livrait au plaisir de la pêche, quand ses amis arrivèrent vis-à-vis de sa demeure. Avec quelle joie il les reconnut ! Quitter ses filets, s'élancer dans le bateau de Zunilda , fut pour lui l'affaire d'un instant. Florvel, resté dans le bateau , et que Norten n'avait pas aperçu, regardait avec intérêt ce tableau.

Elerz le présenta à Norten : « Voilà un
» Français que je t'amène, lui dit-il ; mais
» ce n'est point un étranger pour toi ; car
» il est notre ami. Nous vivons avec lui
» depuis assez long-temps , pour t'assurer
» qu'il est bon , généreux et digne de ton

» estime..... » Norten n'était pas compli-
menteur. A ce seul mot, il embrassa Florvel, et lui dit : « Venez, jeune Français, que
» ma maison soit la vôtre. Je vous y rece-
» vrai comme Elerz ; je ne puis rien vous
» dire de plus. »

Florvel répondit avec politesse, et Norten, en prenant lui-même les avirons des
mains du batelier qui ramait trop lentement
au gré de son impatience, il conduisit ses
amis dans une petite anse où son jardin
aboutissait.

Jamais Florvel ne hasardait, près de Zunilda, un mot trop expressif qui pût dé-
couvrir son secret. Mais comme il lui donnait la main pour descendre de la nacelle,
un hasard pensa le trahir. Le pied de Zunilda glissa. Il la retint dans ses bras ; et par
la position où ils se trouvaient tous deux,
lui sur le rivage, elle encore dans la barque,
le vent ayant dérangé la gaze qui couvrait
son sein, ce beau sein, presque découvert,
posa un instant sur la bouche de Florvel.
Une prude aurait rougi ; mais Zunilda est si
pure, qu'elle ne donne aucune importance

à ce hasard. Pour Florvel, on juge de ce qu'il éprouva... Toutefois son ravissement ne le porta qu'à s'écrier avec émotion : *Ah ! Zunilda !*..... En même temps , et malgré lui , il la pressa vivement dans ses bras. Zunilda ne vit dans le trouble de son ami que la crainte naturelle de sa chute ; et riant elle-même de ce léger accident , elle courut rejoindre Elerz , et acheva de déconcerter Florvel qu'elle laissa dans une stupeur difficile à exprimer.

« Eh ! venez donc , lui cria Norten ! que » faites-vous seul sur ce rivage ? Nous allons » nous mettre à table. Qu'est-ce qui vous » éloigne de nous ? Allons, gaieté, cordia- » lité. Elerz a raison , vous n'êtes point un » étranger pour moi , puisque mes amis » vous aiment. »

Le repas fut bon , simple et gai. Florvel seul était plus que préoccupé. Au moment des fruits , le bon Norten porta la santé de Zunilda. *A votre bonheur, Zunilda,* s'écriat-il, en se jetant dans les bras d'Elerz. Il mit une telle expression à ce mouvement , qu'il attira les yeux de Florvel. Ceux de Norten étaient mouillés de larmes. L'atten-

drissement se répandit dans l'ame des con-
vives ; mais Florvel restait dans le silence.
« Que ce spectacle ne vous étonne point,
» Monsieur, lui dit le bon Norten. Mes amis,
» je n'ai rien de caché pour vous en ce mo-
» ment, et d'ailleurs, pourquoi dissimule-
» rai-je une chose dont je m'honore, dont
» le souvenir jette à la fois de la tristesse et
» de la douceur sur ma vie ? Apprenez que
» j'aimais Zunilda, que je l'aimerai tou-
» jours. Cet aveu ne peut tourmenter Elerz ;
» il me connaît et m'estime. J'aperçus un
» jour Zunilda. Ce seul instant m'attacha
» à elle. Je me fixai dans le lieu qu'elle ha-
» bitait. Elerz eut le bonheur de lui plaire.
» Je dus renfermer mon amour en moi-
» même, rester l'ami de mon rival. Mal-
» heur, cent fois malheur à celui qui ne
» respecte pas le choix d'une femme hon-
» nête ! Le plus grand crime est de chercher
» à troubler le bonheur des autres, surtout
» celui de deux cœurs aussi parfaits. Eh !
» d'ailleurs, que peut-on espérer, si ce
» n'est des troubles pour les autres, et
» des remords pour soi ?..... »

A ce dernier mot, Florvel, ne pouvant

plus se contenir, sortit de table brusquement.

Qu'on se rappelle ce Florvel, si brillant
de succès, méprisant les passions qu'il exci-
tait, avec la certitude de ne jamais en être
atteint! Le voilà, par le pouvoir non d'une
coquette spirituelle et adroite, mais d'une
jeune personne toute naturelle, bouleversé
de mille agitations, de mille sentimens contraires.

Un seul mot de la bouche de Norten l'a
rendu honteux de lui-même. Il rougit d'autant plus de ses efforts, qu'ils ont été vains.
Tout l'odieux de sa conduite se présente
à lui; mais trop faible pour suivre un parti
nécessaire et généreux, l'incertitude ajoute
encore à ses tourmens.

De tout ce qu'avait éprouvé Florvel, rien
encore ne l'avait plus frappé que le dernier
événement. Ce hasard, cette similitude de
situation, tout était fait pour l'atterrer. Pour
la première fois, il s'avoua ses remords;
enfin, loin même de tous les regards, il
rougit. Dans ce moment, Zunilda parut
dans le bosquet où Florvel était assis sur

un banc de gazon, la tête appuyée sur ses mains, abîmé dans ses réflexions. Zunilda se place avec une tendre confiance près de lui, l'interroge, le presse. Sa candeur, sa simplicité le jetèrent dans un embarras, dans un étonnement qui lui permirent à peine de proférer un mot.... Il prend la main de Zunilda qui la lui abandonne avec innocence. Ses désirs se rallument; mais cette fille charmante laisse tomber sur lui un regard si serein, si calme, qu'elle lui en impose. Il veut s'arracher à ce pouvoir inconnu, rappeler de coupables idées. Une seconde fois, les yeux de Zunilda le rendent à lui-même. Depuis quelque temps il avait cherché à l'imiter, à prendre les apparences de sa candeur naturelle; elle l'y force en ce moment. Un changement subit, mais préparé dès long-temps, sans qu'il s'en doutât, se fait en lui. Cette tendre occupation de Zunilda, l'intérêt naïf avec lequel elle est venue le trouver, lui fait plus d'impression que tous les reproches dont on eût pu l'accabler, si d'autres que lui seul eussent connu l'état de son cœur. O triomphe d'une

vertu si simple ! Florvel a voulu la cor-
compre ! Il s'épure.

Elerz et Norten parurent tout à coup.

« Je le vois, dit Elerz en s'approchant,
» rien ne distrait notre ami de sa mé-
» lancolie. Les plaisirs que nous pouvons
» lui offrir ne sont pas assez vifs pour l'ar-
» racher un moment aux peines que les
» souvenirs de sa patrie lui causent. Il faut
» n'avoir pas goûté d'autres jouissances,
» pour s'attacher à celles-ci. — Vous vous
» trompez, reprit Florvel avec émotion.
» Je crois être sûr à présent que, plus les
» plaisirs seront innocens et purs, plus
» j'en jouirai. On apprend près de vous
» et de Zunilda à devenir meilleur. Vous
» êtes faits tous deux pour produire de
» grands changemens sur les ames ; et le
» spectacle de votre bonheur..... »

En ce moment, Florvel regardait Zunilda. Il n'eut pas la force d'achever.....
Heureusement l'excellent Norten poursuivait, en répétant avec chaleur : « Oui, le
» spectacle de leur bonheur est à la fois un
» tableau touchant et une leçon. »

Norten parlait avec éloquence et sensibilité. Il fit une peinture si vive de la réunion de trois êtres que l'amour et l'amitié
rapprochent, que Florvel attendri (peut-
être pour la première fois de sa vie), versa
quelques larmes qu'il cacha. Cependant la
journée s'avançait; on se sépara, mais avec
la promesse formelle de Norten, qu'il vien-
drait chez Zunilda le jour de sa noce. Les
trois amis retournèrent à leur demeure.

Pendant le voyage Florvel fut plus calme.
Il cherchait à s'étourdir lui-même; il essaya
d'être gai, mais bientôt il retomba malgré
lui dans une rêverie profonde.

Sa nuit fut loin d'être tranquille. L'excès de
l'accablement seul ferma sa paupière un moment. Mais que son réveil fut pénible! Jusqu'ici sa position avait été plus supportable
par l'agitation même, et par l'espoir coupable qui renaissait de l'inutilité de ses efforts. Maintenant ce n'est plus ce tourment
de la résistance de Zunilda, contre lequel
il luttait sans cesse. Il a renoncé à des projets qui, même dans leurs chimères, ber-
çaient et consolaient son cœur. Ses yeux

sont ouverts; une lumière affreuse vient l'éclairer. C'est peu de sentir des remords. Il n'est devenu sensible que pour un objet au monde, pour Zunilda; il retrouve en lui la même indifférence, le même dédain pour tout ce qui existe, hors pour Zunilda. Près d'elle il faut abjurer jusqu'à l'espérance! Quel sera maintenant l'intérêt de sa vie? Le vide de son ame le tue; il ne croyait point à l'amour, et ne l'a connu que pour son supplice. Ah! combien le sage Norten lui paraît digne d'envie! Le courage donne à Florvel la force du sacrifice, mais non la pureté nécessaire pour en jouir. Qu'on ne s'y trompe point; ce courage naissait plus, chez Florvel, de l'amour-propre que de la vertu. Il se retrouvait encore dans le parti qu'il prenait d'abandonner de vains projets. Cet amour-propre indomptable soutint encore quelque temps la force d e ce insensé.

Plusieurs mois s'écoulèrent, pendant lesquels il crut qu'il vaincrait son sentiment qu'il ne s'avouait pas encore comme une passion violente. Il pensa qu'il soutiendrait le spectacle toujours renouvelé des amours d'Elerz et de Zunilda. L'horrible contrainte qu'il s'imposait et la violence de ses combats détruisaient chaque jour sa santé; mais il s'abusait, ou feignait de s'abuser toujours, jusqu'au moment ou un événement inattendu lui découvrait son ame toute entière.

Les bois les plus profonds et les plus solitaires étaient ceux qu'il cherchait de préférence; et là, des larmes dévorantes, des remords, tous les déchiremens d'une ame brisée par une passion sans espoir, usaient et consumaient sa vie. Pourquoi ne quittait-il pas un pays si fatal à son repos? C'est que là finissait son courage; et quand des jours entiers s'étaient passés dans d'horribles tourmens, il retrouvait encore quelque charme à rentrer sous le toit de Zunilda, de cette Zunilda qu'il avait vue d'abord avec tant d'indifférence, dont il crut la défaite si facile, et qui, par degrés, était devenue l'arbitre de sa vie. Au moins, dans les courts instans qu'il passait avec Elerz, avec Zunilda, s'il était malheureux, sa douleur conservait encore quelque délicatesse.

Il ne s'y mêlait pas de ces mouvemens de
rage secrète contre celui qu'on lui préférait.
Il regardait plus en lui la source du bonheur
de Zunilda que la cause de son propre désespoir. En un mot, il ne voyait plus l'ami ;
mais il ne voyait pas encore entièrement le
rival. Son malheur approchait du point où
il ne pourrait plus le supporter. Telle est
la nature des malheurs sans remède ; à
chaque instant ils s'aggravent au point de
nous anéantir.

Florvel sans repos, sans sommeil, était
exténué de langueur et d'abattement. Ses
amis, désespérés de son état, gémissaient
tous deux d'en ignorer la cause. Le malheur
de la connaître aurait empoisonné leur félicité.

Florvel eût été moins à plaindre, s'il eût
pu répandre des pleurs ; mais ses yeux brû-
lés par une douleur impuissante, ne trouvaient plus de larmes. Un jour seul, comme
à son ordinaire, dans une forêt voisine, il
s'approcha d'un rocher qui dominait les bois
et la plaine ; et, dans le délire de son cha-

grin, il écrivit ces paroles sur un arbre qui
lui servait d'appui.

> C'est pour mourir que la fleur vient de naître.
> Les feux du jour vont perdre leur chaleur.
> Autour de moi je vois tout disparaître,
> Tout se détruit ; je garde ma douleur.

> Le temps qui fuit ajoute à mes alarmes,
> Accroît mes maux, loin de les effacer ;
> Mes faibles yeux ont tant versé de larmes,
> Que je n'ai plus de larmes à verser.

> Je souffrais moins quand je pleurais encore ;
> Mon triste cœur brûlait de moins de feux.
> Cruel Amour, ta victime t'implore :
> Rends-moi mes pleurs, seul bien des malheureux.

Après avoir tracé ces vers, il s'assit sur
la pointe du rocher. Trop préoccupé de ses
maux, il ne voyait pas l'orage affreux qui
se préparait. Eh ! que lui paraissait le bou-
leversement des élémens, auprès du tumulte
de son cœur et du trouble de ses idées !
Déjà le tonnerre grondait, la pluie tombait
à flots pressés, et Florvel n'avait pas quitté
la même attitude. Un éclair brillant et
rapide

rapide vient frapper ses regards. A sa lueur, que découvre-t-il ? Sur le bord d'un torrent voisin, Zunilda tremblante, dans les bras d'Elerz, surprise par l'orage. Son amant l'a placée sous un chêne hospitalier; elle se presse contre le sein d'Elerz, elle voudrait s'y cacher toute entière. L'amour et la crainte se peignent tour à tour dans ses mouvemens.

O spectacle affreux pour Florvel ! il n'avait connu que la douleur; à peine s'avouait-il sa jalousie. Ce moment la développe, et la tourne en rage. Elerz même lui devient odieux ; mais cette lumière fugitive a disparu, les ombres la remplacent. Florvel voudrait les percer pour revoir encore ce tableau fatal qui le désespère, et que son ardente imagination rend plus cruel pour lui. Il se précipite vers le torrent qui le sépare des deux amans; sa raison se perd. Son égarement est tel, que, sans cet obstacle peut-être, il s'élancerait entre eux deux pour essayer de les désunir.

Florvel tombe sur les bords du torrent. L'orage augmente et gronde sur sa tête ; mais il ne sent rien, il n'entend rien. Il a

perdu l'usage de ses sens. La nuit entière se
passe. L'aurore vi entde renaître, le calme
est rétabli dans la nature, mais non dans
l'ame de Florvel. Les rayons du soleil frap-
pent ses yeux, le rappellent à la lumière,
c'est-à-dire au désespoir. Son premier regard se porte encore vers l'endroit où il a
vu les deux amans ; mais il ne le reconnaît
plus. Il se traîne sur la pointe du rocher,
et de là, bientôt il retrouve, et l'arbre et la
place où Zunilda s'était réfugiée dans les
bras d'Elerz. Toutes les angoisses de la jalousie le dévorent. Pour comble de peine,
les sons d'une musique champêtre se font
entendre au loin. Le soleil, dans sa hauteur,
éclaire toute la plaine. Dans le bourg et
l'habitation de Zunilda, les préparatifs d'une
fête s'offrent aux yeux de Florvel. O souvenir affreux ! il se rappelle que ce jour est
celui qu'on a fixé depuis long-temps pour
l'hymen d'Elerz et de sa maîtresse. Ce dernier coup décide le sort de l'infortuné
Florvel.

« C'en est fait, s'écrie-t-il, avec un ac-
» cent douloureux. Elerz, Zunilda, et vous,

» lieux sinistres , que je n'ai connus que
» dans un jour de malheur, je vous fuis.
» Je ne vous reverrai plus ; j'abandonne
» pour jamais une contrée fatale où le dé-
» sespoir m'attendait ! »

En achevant ces mots , il veut s'éloigner ,
ses forces s'y refusent ; il retombe à la place
où sa faiblesse l'arrête malgré lui. Hélas !
c'est à cette même place, qu'un an aupara-
vant, heureux, tranquille, il examinait le spectacle imposant de la fonte des neiges et du
retour subit du printemps. Le printemps va
renaître encore , et c'est cette saison qu'E-
lerz et Zunilda ont choisie pour serrer leurs
nœuds.

« Infortuné ! s'écrie Florvel ; la nature
» va s'embellir , et mon ame , se plonger
» dans un deuil éternel ! ... Châtiment hor-
» rible de mon immoralité passée ! Je l'ai
» bien mérité ! Je vais fuir ; mais j'emporte
» avec moi le trait empoisonné qui doit ter-
» miner mes jours. » Cette dernière pensée
enlève Florvel à toute espérance , et rapproche tout à coup ses idées du ciel , seul
asile des malheureux ! Involontairement il

se prosterne. Tout à l'heure, il murmurait ;
il prie. Ce n'est jamais en vain que l'on s'a-
dresse à l'être consolateur. Il apaise les
souffrances qu'il ne finit pas, ou donne une
force secrète pour les supporter.

La prière de Florvel fut d'autant plus
fervente, qu'elle lui fut subitement inspirée
par le dernier degré de la douleur et du
découragement. L'effet en fut prompt. Na-
guère dévoré de jalousie, agité de mouvement de haine contre Elerz, contre celui
qui l'avait comblé de soins et d'amitiés,
sentant à la fois et des remords affreux et
des regrets coupables, de n'avoir pas réussi
dans ses criminels desseins ; tel était Florvel,
vil jouet des passions, et livré sans frein
au désordre de sa tête et de son cœur. Maintenant des idées morales et religieuses ont
élevé son ame. Il s'apaise ; il rougit de lui-
même ; mais ses remords ont plus de douceur que d'amertume. Il se voit toujours
le plus malheureux des hommes ; mais il
trouve de la force contre sa douleur. Il
renaît au courage, à cette dignité d'homme,
dont un lâche abattement l'avait dégradé.

Son cœur, épuré par cette extase sublime, devient capable de tous les sacrifices.

« Dieu puissant, dit-il, ô toi dont le
» malheur me rapproche, ô toi qui m'ac-
» cables pour m'éprouver, je te méconnus
» toute ma vie ! Un seul instant me rend
» à toi, et tu me sauves de moi-même !
» A quels secours profanes pourrai-je re-
» courir ? Que sont les chagrins qui me
» dévorent, auprès du néant dont tu me
» préserves ? Mon ame m'échappait ; tu
» me la rends. Digne à présent de me gou-
» verner, je puis suivre les mouvemens que
» tu m'inspires, et dont je me glorifie.
» C'est trop peu de me résigner à mon
» sort ; *je te demande le bonheur d'Elerz et*
» *de Zunilda.* »

A l'instant où il prononçait ces derniers mots avec une sorte de solennité, l'harmonie champêtre approchait. Les jeunes époux, suivis des habitans de la vallée, s'avancent vers le lieu où l'on doit les unir ; et leurs cantiques montaient au ciel, en se mêlant aux vœux de Florvel, pour le bonheur d'Elerz et de Zunilda.

L'autel était à peu de distance du rocher.
Florvel descend dans la vallée, se montre
aux époux, qui jettent un cri de joie en le
voyant. Inquiets de son absence, ils avaient
retardé l'instant de leur hymen, dans le
vain espoir de le voir revenir; enfin ils mar-
chaient tristement à l'autel, quand il vint
mettre le comble à leurs vœux.

Cependant la cérémonie commence. Des
sons religieux annoncent l'instant *du serment
des époux.* Ils le prononcent, et le ministre
les unit.

Florvel sent alors que son courage l'abandonne; ses genoux fléchissent, ses yeux se
couvrent d'un nuage; il fait d'inutiles efforts
pour se soutenir, et va tomber aux pieds de
l'autel.

L'effroi est général; on s'empresse pour
le secourir. Elerz et Zunilda ne s'en rap-
portent qu'à leur tendre intérêt pour prendre soin de lui. Au bout de quelques heures,
il r'ouvre les yeux, et se trouve chez Zunilda, dans les bras de ses amis. Les expressions de sa reconnaissance prennent un
caractère de sévérité qui les rassure. Le

voyant mieux et plus calme, cette tranquillité leur rappela leur bonheur. Le soir
vint les séparer de leur ami; ils peuvent
enfin se livrer, sans trouble, à tout l'excès
de leur félicité. Quelle nuit pour Florvel!
Mais quelle différence de son état à celui
de la veille! Il a résolu de saisir ce moment
pour quitter des lieux qui lui furent si
chers; il emploie les heures qui s'écoulent
aux préparatifs nécessaires, et, près de
s'arracher de cette tranquille demeure, il
adresse cette lettre à Elerz et à Zunilda.

« Adieu, mon ami; adieu, chère et ado-
» rable Zunilda! le sort ne m'avait pas
» destiné au bonheur de finir mes jours
» près de vous; je suis né pour les orages
» de la vie; vous n'en méritez que les dou-
» ceurs. Regrettez-moi quelquefois; mais
» ne me plaignez pas. Parmi les chagrins
» qui me consument, il se mêle un bonheur
» que je vous dois. Vos vertus simples,
» votre innocence naïve ont pénétré mon
» ame. Vous surtout, sensible et pure Zu-
» nilda, vous m'avez fait abjurer de trop
» funestes erreurs. Par vous, je vois enfin

» qu'il peut exister sur la terre *une femme*
» *née pour le bonheur d'un seul et l'admi-*
» *ration de tous.* Je vous dois encore plus,
» mes amis ; vous m'avez rapproché d'un
» être qui me donne la force nécessaire
» pour soutenir une séparation éternelle.

« Adieu ; quand vous lirez cette lettre,
» je serai déjà loin d'un lieu chéri qui ne
» sortira jamais de mon souvenir. »

FLORVEL.

Quand Elerz et Zunilda apprirent, par
cet écrit, le départ de leur ami, ils sentirent
la peine la plus vive ; mais du moins la délicatesse de Florvel leur ayant caché la
cause de son chagrin, leur bonheur ne fut
troublé que par le regret de son absence.

Quant à lui, revenu en France, il se retira dans une de ses terres, où, livré à une
profonde mélancolie, il ne trouvait quelques
douceurs qu'en pratiquant les vertus, dont
Elerz et Zunilda lui avaient donné l'exemple.

CONCLUSION DE L'OUVRAGE.

JE crois avoir prouvé par quelques faits,
par des rapprochemens assez frappans , que ,
sous tous les rapports , les femmes ne nous
sont pas inférieures. C'est surtout en France
que , sans le vice de leur éducation , on aurait vu plusieurs d'elles jouer un rôle brillant. Les frivolités exclusives auxquelles on
les vouait , peut-être plus autrefois qu'à
présent , devaient nécessairement éteindre
une partie de leurs moyens.

C'est une chose très-difficile à décider
que le système d'éducation , le plus propre
à former ces êtres précieux qui, pour notre
bonheur , doivent réunir à la fois tous les
agrémens et toutes les vertus, toutes les qualités essentielles dans leurs familles , et tous
les moyens de plaire dans les cercles brillans. Cette question n'a peut-être pas été
discutée avec assez d'importance. Si l'on réfléchit mûrement , on en trouvera peu de
plus intéressantes. Le ciel , en créant une

11**

femme , semble dire à l'homme : « Voilà le
» tourment ou le charme de ton présent et
» de ton avenir ; dirige cet être , formé par
» l'heureuse mobilité de ses organes pour
» recevoir toutes les impressions que tu
» voudras lui donner ; c'est un autre toi-
» même que je t'offre ; pour t'en occuper ,
» il ne te faut , en quelque sorte , que de la
» personnalité. »

Je sais qu'on doit également éviter de donner trop ou trop peu d'instruction aux
femmes ; je sais que le penchant habituel
qui les porte à dominer doit les exposer à
quelques formes de pédanterie , si elles sont
savantes ; mais l'ignorance est pour elles le
danger le plus véritable.

Former l'esprit et le cœur d'une femme ,
voilà , je crois, quel doit être le but presque unique de cette éducation. Le cœur des
femmes répond de leur caractère , et leur
esprit, de leur conduite.

L'éducation des hommes embrasse bien
plus d'objets. Mais lorsqu'une femme est
douce , sensible , honnête , et que son esprit a reçu le degré d'agrémens nécessaire

pour rendre aimable le tête-à-tête avec elle ,
que peut-on désirer de plus ? Autrefois la
culture de leur esprit était trop négligée
dans les couvens. Le système actuel de quelques pensions *à la mode*, tombe peut-être
dans l'excès contraire. On est aussi choqué
de voir une jeune personne ignorante, qu'une
philosophe raisonnant sur des matières abs-
traites , qui ne sont point du ressort de son
sexe. Comme à présent on y joint même
une prétention ambitieuse de perfection en
talens de tous genres , qu'on voit même des
femmes de la société vouloir rivaliser de légèreté avec une danseuse de l'Opéra ; il en
résulte communément un contraste assez
original de la gravité que donne à quelques
jeunes personnes une science apparente dans
des examens publics , avec la liberté réelle
de leurs manières, plus brillantes que modestes.

Il s'est fait un changement bien fatal dans
l'intérieur des familles. Autrefois une jeune
personne, soumise aux lois d'un respect profond pour sa mère , pensait long-temps par
elle , avant d'oser avoir une opinion. Au--

jourd'hui, non seulement elle en adopte une, avant que d'en avoir le droit, mais elle l'énonce et la discute avec scandale contre ses parens. Cette dangereuse liberté s'étend sur l'action la plus importante de la vie, sur le choix d'un époux. Je suis loin d'approuver la coutume absurde que l'on a trop suivie, de marier une fille en consultant plus l'intérêt des convenances que celui de son cœur. Mais l'excès contraire n'est-il pas aussi dangereux? Lorsqu'un consentement mutuel de la fille et de ses parens forme une union aussi sacrée, elle est raisonnable et doit réussir; mais faut-il que son choix soit fait sans l'approbation de sa famille? Combien de nœuds dès-lors mal assortis! Malheureusement le cœur se trompe trop souvent. Que d'exemples on en pourrait donner! lorsque les femmes livrées au monde et mal avec leurs époux, choisissent une autre chaîne où leur volonté seule les engage, combien de fois ne prouvent-elles pas, par leur malheur, que les sentimens même ont besoin de conseils! Les lois doivent se mesurer et se graduer en raison du

degré de décadence d'une nation. Mais on
veut tout mêler, tout confondre ; et l'inco-
hérence de l'ordre social avec le droit naturel a causé bien des maux.

Chez un peuple nouveau, comme en
Amérique, où les préjugés sont peu connus, les mœurs à peine altérées, les dis-
tractions plus rares, où le système patriar-
cal règne dans les familles, l'esprit de raison et de sagesse les gouverne tellement,
qu'il se communique insensiblement à la
jeunesse, sans qu'elle s'en doute. C'est un
esprit de corps que l'on est forcé de prendre
lorsqu'on fait partie de la famille. En France,
au contraire, chacun parle, raisonne et
voit à sa manière. Le sexe, l'âge, la raison,
la folie, l'ignorance, les lumières, tout
s'exprime à la fois.............................
.... Chez nos bons
aïeux, un homme à trente ans était plus
soumis au vieux chef de la famille, qu'un
enfant de dix-huit ans ne l'est actuellement
à son père. Aussi, ces principes sacrés, con-
servateurs de la morale, sont appelés *préjugés;* les idées religieuses n'ont pu s'altérer sans

les dénaturer et leur ôter toute leur force. Dans cette anarchie sociale, une jeune personne a besoin plus que jamais d'avoir sa mère pour guide et pour amie. D'après cette périlleuse *liberté de penser*, trop établie depuis quelque temps pour s'en préserver, une tête vive trouve presque d'avance une excuse pour sa faute, même une espèce de principe nouveau pour l'autoriser à la commettre, et trop de gens pour la défendre. Quand tout est confondu, l'opinion perd son influence. Long-temps elle fut la sauvegarde de la réputation. Avant même que d'être jugé par elle, long-temps le tribunal de famille exerça dans l'intérieur un pouvoir auguste que l'on redoutait. Toutes les familles vivaient réunies, au lieu d'être dispersées, comme elles le sont à présent par les malheurs, les opinions et les fortunes. On tremblait de rentrer sous le toit paternel, de reparaître devant les siens, quand on avait des torts graves à se reprocher; on devait compte à tous du nom que l'on portait, et que l'on entachait par une bassesse; tous étaient intéressés à vous ramener à des principes d'honneur. Osait-on franchir cette barrière, on retrouvait cette opinion générale qui jugeait en dernier ressort, et vous punissait d'avoir méconnu vos devoirs. Un homme se cachant dans l'obscurité d'une vie honteuse, pouvait quelquefois échapper à l'opprobre ; mais une femme, par les préjugés reçus par diverses formes auxquelles elle était soumise, ne pouvait éviter sa punition, elle était perdue. Dans ce siècle, tant de gens ont dit : *Qu'est-ce que cela fait ? Tout est à peu près égal. Il faut faire ce qui convient.* Les jugemens justes et sévères sont réduits à un si petit nombre, qu'il importe peu de les braver. Je ne dis pas que les femmes, dans d'autres temps, fussent plus attachées à l'honneur ; mais en principes, en actions, il existait des bornes que publiquement on ne franchissait pas, et le scandale est le premier destructeur de la morale.

Il résulte donc de cet état de choses, que la condition des femmes, en ce moment, se réduit à trois points dépendans les uns des autres : beaucoup plus de liberté, moins de considération, moins d'influence.

Comme l'usage est une espèce de mode qui s'établit dans les mœurs avec autant de despotisme, que celle des habits et des parures, de long-temps nous ne verrons certains préjugés essentiels, surtout pour les femmes, reprendre leur empire. Il faut donc que l'éducation supplée d'avance, par la force des principes, à la faiblesse des barrières que les passions ont à franchir pour se satisfaire. Soyons sincères ; il n'y a véritablement plus aucuns freins que ceux qu'on se donne à soi-même.

L'éducation d'une jeune personne pouvait autrefois se borner à des principes qu'elle recevait de ses parens avec une religieuse soumission ; à présent, je le répète, elle les discute et ne se laisse pas persuader par l'expérience. L'éducation doit donc changer de nature. Il faut que la mère, plus dévouée que jamais à sa fille, gagne sa confiance, rivalise avec les conseils de ses jeunes compagnes, lutte sans cesse contre les principes à la mode, contre les brillantes illusions de l'esprit, oublie qu'elle devrait commander, et sente qu'elle doit séduire. Il faut que, forcée de mener son élève trop tôt dans le monde, elle tire un avantage de cet inconvénient, joigne l'exemple au précepte, et à l'aide d'une douce patience, d'une suite difficile et rare, démontre ce que jadis elle avait le droit d'ordonner (*).

Sans entrer dans de plus longs détails, le peu d'influence des femmes, en ce moment, démontre assez combien les principes de la nouvelle philosophie leur ont été contraires ; et c'est une chose qui n'est pas indifférente pour l'observateur, que ce peu d'existence de ce sexe, suite inattendue des talens et des succès, dont il doit s'enorgueillir.

La pensée ne peut se porter sur aucun art, que cet art ne rappelle quelques femmes qui s'y montrent supérieures. Il serait si doux d'en nommer plusieurs, si la louange des personnes vivantes ne ressemblait plus à la flatterie qu'à la justice !

______

(*) Le plan d'éducation de madame de Genlis me paraît un modèle à suivre dans ce genre ; mais j'en appelle à l'auteur lui-même. Depuis que son excellent ouvrage a paru, les choses ont tellement changé, qu'en gardant le fond de son système, il doit être modifié, en raison du peu d'empire de l'expérience et de la raison sur la jeunesse.

Parle-t-on de la peinture, sans citer la femme célèbre que ses malheurs ont exilée dans d'autres pays, et que partout sa réputation a précédée ? Le salon ne s'ouvre pas que quelque jeune émule de son talent ne vienne charmer nos regards par des ouvrages où brillent l'intérêt et la grâce inséparable de ce sexe.

Parlerons-nous des lettres ? que de noms se présentent en foule !...... Désignerai-je celle qui, par *son premier roman*, s'était déjà établi une réputation durable ? Cette autre qui, dans *trois ouvrages* de ce genre, a marqué sa place parmi nos plus fameux romanciers ? Celle qui, fille d'un homme célèbre par sa place et ses écrits, sut elle-même briller dans différens genres, et passant tour à tour de la philosophie aux romans (*), des idées sérieuses aux ouvrages légers, dans le même moment parle politique, dit un bon mot, rend un service, et

----

(*) Je mets dans une classe à part le roman de *Delphine*. La lutte des opinions sur cet ouvrage égale peut-être celle des défauts et des beautés dont il fourmille.

s'attache autant d'amis par son bon cœur,
que d'admirateurs par le piquant de son
esprit ?

Ai-je besoin de nommer une des plus
célèbres, qui, ayant mis l'éducation en
théorie et en pratique, doit tenir à jamais,
par ses ouvrages, une des places les plus
importantes dans une bibliothèque choisie,
sous le rapport du style, de l'utilité et de
l'agrément ? Ses comédies instruisent la
jeunesse, attachent l'âge mûr ; ses romans
intéressent, ses livres de morale plaisent
à la raison, sans décourager la faiblesse
et la frivolité.

Si la modestie de sa tante a privé le public
des comédies intéressantes, qui charmèrent
sa société et ses loisirs, devons-nous imiter
son silence ?

Les théâtres ne furent jamais plus riches
en femmes brillantes par leurs talens. Après
les quatre principales, que tout Paris applaudit dans différens genres, combien d'autres
ont droit à notre admiration ! Enfin les
lycées, les journaux, les recueils de poésies
fugitives attestent le droit que plusieurs

auraient à être citées. Le public connaît leurs noms ; que toutes ensemble reçoivent ici mon hommage.

Avant de terminer cet essai , récapitulons les variations de la condition des femmes dans l'ordre social , depuis les patriarches jusqu'à nos jours. Les ouvrages des différens écrivains sur ce point sont une boussole à consulter.

Salomon fut , dans ses écrits, un des premiers et des plus grands détracteurs d'un sexe qu'il adorait, et qu'il se plut à corrompre. Dans un temps antérieur à celui d'Israël , on trouve dans les livres sacrés des Indiens, une foule de satires grossières contre les femmes.

En un mot, pendant près de trois mille ans , les femmes, dont la faiblesse devait appeler l'indulgence , furent en butte aux satires et au mépris des hommes qui ne sortaient de leurs bras que pour les calomnier; enfin la chevalerie arriva , et les fit jouir d'un sort plus doux. Malheureusement l'ignorance se joignant à *la galanterie* , on vit éclore peu de productions litté-

raires; mais les premières lueurs de l'instruction éclairèrent les hommes sur leurs injus-
tices envers les femmes. Les Bardes (*) joi-
gnirent leurs éloges à ceux des héros et des
dieux; ils chantèrent les extases de l'amour;
ils portèrent même ses louanges jusqu'à
l'exagération. Boccace, Pétrarque et d'autres
s'exercèrent dans ce genre.

Les troubadours se répandirent partout
pour chanter la beauté; les poètes, les
écrivains de tous genres les imitèrent. Cette
manie fut générale.

Tout ce qui tourne en abus ne dure guère;
et l'exagération en tout ramène au point
d'où l'on est parti.

Rien ne prouve plus l'infériorité de l'homme que ce cercle continuel dont ses pensées
ne sortent point.

Après avoir poussé l'admiration pour les
femmes au point d'en faire des êtres cé-
lestes, tout à coup les idées changèrent.
L'époque du règne de Charles II, en Angleterre, est remarquable à ce sujet. La

---

(*) Poètes ambulans du temps des Gaulois.

corruption de la cour fut poussée à tel point, que les hommes ne tardèrent pas à déprécier un sexe qu'ils s'étaient plu à démoraliser. La mode de célébrer les femmes fit place à celle de les accabler d'épigrammes dans des écrits pleins de fiel. Le comte de Rochester en donna l'exemple; il fut bientôt suivi par Pope, Swift, Young et mille autres écrivains trop obscurs pour être cités. Ils voulaient, disaient-ils, corriger les femmes; mais on ne les corrige point, en blessant leur amour-propre. On le dirige vers le bien par une louange adroite, plutôt qu'on ne l'éloigne du mal par des invectives.

Cette ridicule incertitude de l'opinion des hommes sur le compte des femmes doit consoler ce sexe de leur injustice également prouvée par leurs louanges et leurs satires.

Depuis l'époque que je citais tout-à-l'heure, jusqu'à nos jours, les femmes ont encore éprouvé beaucoup de changemens, et dans leur sort et dans les nuances des hommages qu'elles ont droit d'attendre de nous. En ce moment, on pourrait dire qu'elles

seraient presqu'oubliées, si elles ne forçaient
pas notre admiration par leur mérite per-
sonnel et les talens qui les distinguent.
Après être tombés dans deux différens genres d'exagération, revenus au vrai, peut-
être arriverons-nous à l'époque où *l'égalité
des deux sexes* sera rétablie, où l'on cessera
de juger les femmes ensemble, mais indivi-
duellement. Est-il bien prouvé que si les
deux sexes étaient soumis à cet égal examen,
nous aurions un grand avantage sur les femmes ? Il serait au moins hasardeux de le
décider. Peut-être est-il temps que la force
ait moins de poids dans la balance. Pourquoi
a-t-on parlé, sans cesse, de l'opinion *des
hommes sur les femmes*, et ne parlerait-on
pas enfin *de l'opinion des femmes sur nous?*
Où sont nos droits pour les juger, et ne pas
l'être? Pourquoi, par leur état civil, sont-
elles non seulement dépendantes, mais en
quelque sorte esclaves? Elles sont les plus
faibles; les lois devaient donc encore plus les
protéger, au lieu de peser sur elles d'une manière qui révolte et la justice et la raison (*).

(*) Espérons que, dans le nouveau code civil qu'on

Quant à moi, sans me permettre de décider la question, je pense qu'on doit leur reconnaître les mêmes droits. Honneur, raison, esprit, courage, dévouement, patience infatigable, tout est en elles comme en nous. Leur degré d'importance est égal au nôtre dans le contrat qui nous unit.

Revenons donc enfin de nos erreurs envers elles. Qui sont ces êtres que nous opprimons? Leur sein nous porte et nous nourrit ; leurs mains dirigent nos premiers pas, leur voix tendre nous apprend à bégayer nos premiers mots ; elles essuient nos premières larmes, nous leur devons nos premiers plaisirs. L'homme semble confié par la nature à leurs soins éternels ; le berceau de son enfance n'est protégé que par elles, et souvent leur pitié bienfaisante enferme encore ses restes dans le tombeau.

---

prépare, au moins leurs biens dépendront d'elles comme en Allemagne, et qu'elles ne continueront pas à être sur ce point dans une tutelle injuste et choquante.

NOTES.

SUR LES MARIAGES

Chez les différens peuples.

LE mariage est une des institutions qui, chez les différens peuples, a éprouvé le plus de changemens.

Dans les premiers siècles du monde, un homme marquait avec une pierre le terrain qu'il voulait cultiver; il s'appropriait une femme en la conduisant sous sa tente, et lui faisant promettre de l'aider à élever leurs enfans. Voilà à quoi se bornaient les cérémonies du mariage.

Chez les premiers Romains, une femme et un homme vivaient ensemble sans nul engagement, et l'habitude de ce commerce les unissait par l'impossibilité de se passer l'un de l'autre.

Chez les Calmoucks, ils s'épousent pour une année. Si la femme devient grosse, ils continuent une autre année.

Il n'est presque point de pays où, dans la cérémonie du mariage, on n'ait adopté l'usage des pièces de monnaie qu'on donnait à la mariée, comme garant de cette espèce de marché que l'on faisait, en vendant une fille à une autre famille.

III.

Les Égyptiens attribuaient l'invention du mariage à Minos, leur premier souverain.

Les Assyriens avaient une forme toute particulière pour marier leurs filles.

Une fois par année, ils rassemblaient les filles nubiles, et les mettaient à l'encan. La concurrence des hommes opulens portait le prix à des sommes considérables qui, déposées dans une caisse publique, servaient à marier les filles moins jolies, et par conséquent moins recherchées. Plus la fille était laide, plus la dot était forte, pour engager les hommes intéressés à l'épouser. Il n'y avait pas d'autre cérémonie, pour la célébration, qu'un repas où l'époux, rassemblant ses amis, les prenait à témoins qu'il avait rempli les conditions du marché. On croit cependant que les Assyriens instituèrent un tribunal destiné à régler les mariages, et à en faire observer les réglemens et conditions. Dans l'antiquité, presque tous les peuples contemporains ne nous ont laissé aucune trace d'autres cérémonies relatives aux mariages, que les repas et les fêtes.

Quelques auteurs citent une particularité : c'est que les amis présentaient aux nouveaux mariés une corbeille remplie de glands, mêlés avec du pain, en mémoire du temps où la terre produisait sans culture.

C'est sûrement par cette même idée que les Romains répandaient des noisettes sur la table des mariés.

A Athènes, quand les vierges devenaient nubiles,

elles allaient à un village des environs, demander
pardon à la statue de Diane, d'avoir l'envie de se
marier, et solliciter en même temps la permission
de perdre leur virginité. Communément on sacrifiait des victimes avant les mariages : on avait soin
de jeter le fiel derrière l'autel, pour prouver qu'il
n'en fallait jamais dans cette union.

Toujours superstitieux, les anciens ne voyaient pas
impunément un vautour enlever, pendant le sacrifice, une partie des viandes sacrées. Le mariage était
souvent rompu, et toujours différé. L'apparition subite de deux tourterelles, était le présage le plus
heureux. N'en voyait-on qu'une, on croyait que le
mariage ne réussirait pas. De là mille supercheries
chez les Grecs. Un homme intéressé à rompre un
mariage portait une tourterelle sous son manteau,
et la lâchait à l'instant du sacrifice. Les têtes de ces
fameux guerriers, de ces philosophes célèbres étaient
susceptibles de se frapper par ces absurdes présages.

Les Athéniens conduisaient la mariée chez son
mari sur un char dont on brûlait l'essieu, quand elle
en était descendue, pour prouver qu'elle n'avait plus
la liberté de s'en retourner. Le père lavait les pieds à
la mariée avec l'eau de la fontaine *de Callirhoé.*
De là, on la menait au lit nuptial, en allumant plus
ou moins de flambeaux, selon sa naissance. Sa mère
attachait son ruban de tête à l'une des torches; alors
on se retirait, et les garçons faisaient un grand bruit
à la porte, pour que l'on n'entendît pas ce qui se
passait dans la chambre. Ainsi se mariaient les Grecs.

Il y avait chez les Romains trois espèces de mariages, que l'on contractait différemment : *la Conferration*, *la coemption* et *le service*.

On appelait conferration, la manière dont on mariait les pontifes et les prêtres. Cette cérémonie consistait à faire manger aux nouveaux époux des gâteaux faits d'eau, de sel et de froment, dont on offrait quelques morceaux aux divinités favorables aux mariages.

Les époux célébraient eux-mêmes la seconde espèce de mariage appelée coemption, en s'engageant mutuellement leur foi, par le don mutuel d'une pièce de monnaie.

La troisième espèce de mariage, appelée service, était le résultat du hasard. Lorsque du commerce de deux personnes, il naissait un enfant, et que ces deux individus se décidaient à vivre ensemble, leur seul consentement mutuel légitimait le mariage.

Selon quelques auteurs, en Ecosse, encore aujourd'hui, un homme qui épouse une femme au lit de la mort, légitime tous ses enfans sans autre formalité.

En Hollande, disent les mêmes historiens, et dans une partie de l'Allemagne, on suit le même usage, avec la différence que l'on exige que tous les enfans soient présens à la cérémonie.

Dès qu'on était convenu du mariage par coemption ou conferration, on consultait les augures, afin qu'ils déclarassent la volonté des dieux, et qu'ils indiquassent un jour favorable pour la célébration. Lorsqu'on avait signé le contrat, les parens y mettaient leur cachet. On déposait la dot de la fille entre les mains d'un des augures, et son futur lui envoyait un anneau de fer. Le jour de la célébration, il était d'usage, lorsqu'on coiffait la mariée, de lui partager, avec la pointe d'une lance, les cheveux en six tresses, à la manière des vestales, pour l'avertir qu'elle devait toujours être vestale pour tout autre que son mari. On lui posait sur la tête une couronne de verveine, mêlée de quelques autres herbes qu'elle avait cueillies elle-même. Par-dessus la couronne, elle portait quelquefois un voile, et chaussait des souliers de même couleur, montés sur de très-hauts talons.

Dans l'ancienne Rome, les deux époux plaçaient sur leur col, au moment du mariage, un jonc nommé *conjugium*, d'où nous avons tiré le mot *conjugal*. Depuis on n'a point encore inventé un emblème aussi parfait de l'état du mariage. Il était aussi d'usage que les jeunes filles feignissent, dans cette occasion, de la répugnance à sacrifier leur virginité, et fissent difficulté de quitter les bras de leur mère. Des petits garçons, au nombre de cinq, après avoir été lavés et parfumés, portaient chacun une torche allumée en l'honneur des cinq divinités du mariage, Jupiter, Junon, Vénus, Diane et Suada, déesse de la persuasion. Deux enfans conduisaient la mariée dans la maison de

son époux , et l'on portait derrière elle une que-
nouille , un fuseau et un coffre qui renfermait sa
toilette. Lorsqu'elle arrivait à la porte , qu'elle trouvait ornée de guirlandes , de fleurs et de verdure ,
on lui présentait du feu et de l'eau , et on lui de-
mandait en même temps son nom. A cette question , la mariée répondait *Caïa* ; c'est-à-dire qu'elle
promettait d'imiter la fameuse *Caïa Cicilia* , qui
s'était fait une grande réputation par ses vertus domestiques et conjugales. Avant qu'elle entrât dans la
maison , on arrosait la fiancée d'eau lustrale , afin
que son mari la trouvât dans toute sa pureté. Elle
posait aussi sur la porte un morceau d'étoffe de
laine , et la frottait avec de l'huile ou la graisse
de quelque animal. On la portait ensuite dans la
maison , parce que les augures prétendaient qu'il
lui arriverait malheur si elle touchait imprudem-
ment le seuil de sa porte. Immédiatement après ,
on présentait à l' nouvelle épouse toutes les clefs
de la maison , et pour siége une peau de mou-
ton qui n'était point tondue , afin de l'avertir
qu'elle devait dorénavant s'en servir pour fabriquer
les vêtemens de sa famille. Dès que les deux époux
étaient rentrés dans leur chambre , le marié jetait
des noix aux petits enfans , avant que la compagnie se retirât , et les hommes chantaient des vers
pour prévenir l'effet des charmes et des sortiléges.

Pour ménager la modestie de l'épouse , on ne
laissait point de lumière dans la chambre nuptiale ,

et cette précaution pouvait également empêcher que le marié n'aperçût les imperfections corporelles de son épouse.

Le lendemain, le marié donnait un repas. La nouvelle épouse y paraissait avec lui sur le lit nuptial, et le traitait publiquement avec une familiarité qui n'annonçait point le regret d'avoir perdu sa virginité. Elle mettait ordinairement si peu de réserve dans sa conversation, que lorsqu'en d'autres circonstances une femme parlait indécemment, on disait proverbialement à Rome : *Elle parle comme une nouvelle mariée.*

A Rome, un époux, qui trouvait sa femme en adultère, pouvait disposer de sa vie. De son côté, un enfant posthume de dix mois pouvait être reconnu, si la mère le voulait, et l'empereur Adrien étendit à onze mois cette inexplicable indulgence.

Il est assez piquant d'observer que les barbares qui renversèrent l'empire romain, avaient à peu près les mêmes mœurs relativement aux femmes. Ils mariaient leurs vierges sous des pavillons en signe de modestie, et les veuves en plein air.

Chez les anciens, les mariages se firent long-temps sans le ministère des prêtres ; on se mariait dans les cours de justice en présence des magistrats et des parens. Enfin Soter, cinquième évêque, qui occupa le siége de Saint-Pierre, imagina qu'il donnerait plus de poids au clergé, en le faisant intervenir dans un nœud solennel, et publia qu'aucune femme ne pourrait, à l'avenir, être légitimement mariée que par un prêtre.

Selon quelques auteurs, sous Cromwel même, en Angleterre, les juges de paix mariaient sans l'intervention du clergé. A la restauration de Charles II, les prêtres reprirent le droit de célébrer les mariages ; mais je ne puis garantir ce fait.

Dans les temps les plus reculés, il paraît que le mariage consistait dans la vente d'une femme à un homme. J'ai dit plus haut, dans les notes, que la pièce d'argent ou d'or, que l'on donne encore à la mariée, rappelle cette ancienne coutume. La polygamie et le concubinage reconnus, furent la première base de tous ces genres de tyrannie des hommes envers les femmes. Cette tyrannie fut employée sous mille rapports, et la jalousie ne fit que l'augmenter. On voit chez les Hindous une recherche d'inquiétude rare sur ce point. Quand un mari quittait sa femme pour quelque temps, ils tressaient ensemble deux branches de *retem*. Si, à son retour, la tresse était restée intacte, l'époux se croyait sûr de la fidélité de sa femme ; mais s'il y avait aperçu le moindre dérangement, il la châtiait de la manière la plus cruelle. Elle alléguait en vain les preuves les plus fortes de son innocence, même les témoins les plus véridiques.

S'il faut en croire quelques anciens auteurs, les Egyptiens, en contractant un mariage, promettaient d'obéir à leur épouse ; ce qui ferait présumer que les femmes avaient, chez ces peuples, la grande voix dans la législation, puisqu'elles ont obtenu ce privilége extraordinaire. Les femmes des îles Marianne le possèdent avec plus d'étendue. Tous les meubles, ustensiles de la maison leur appartiennent exclusivement, et le mari ne peut en disposer qu'avec la permission de son épouse. S'il est querelleur, opiniâtre ou dérangé dans sa conduite, elle est autorisée à le punir ou à l'abandonner. Si son mari la surprend en adultère, il peut immoler le galant, mais il ne lui est pas permis de maltraiter sa femme ; si, au contraire, c'est le mari qui est convaincu, sa femme a le droit de lui infliger tel châtiment qu'elle juge à propos ; et pour exécuter sa vengeance, elle assemble toutes les femmes du voisinage. Armées de lances, et coiffées des bonnets de leurs maris, elles s'avancent vers l'habitation du coupable, arrachent ses plantations, saccagent ses grains, et après avoir fait le dégât en dehors, elles entrent comme des furies dans la maison qu'elles détruisent. Malheur au maître s'il n'a pas eu le temps de prendre la fuite ; mais quand même une femme n'aurait pas à se plaindre de son mari, lorsqu'il cesse de lui plaire, elle se plaint à ses parens, et leur déclare qu'elle ne veut plus vivre avec lui.

Un écrivain du dernier siècle prétend que lorsque le Grand Seigneur donne sa sœur ou sa fille en mariage, il leur adresse le discours suivant : « Je vous donne » cet homme, pour qu'il soit à l'avenir votre es- » clave; et s'il lui arrive de vous offenser ou de vous » désobéir, abattez-lui la tête avec ce cimeterre. »

Cet auteur ajoute que la princesse porte toujours
ce sabre à son côté, comme un symbole de son autorité.

Dans d'autres pays, les lois autorisent les maris
à punir eux-mêmes l'inconstance de leurs femmes.
En Suède, en Danemarck, le mari qui surprend sa
femme en adultère, pouvait impunément la tuer,
et ravir au séducteur les moyens de retomber dans
sa faute. Parmi quelques tribus de Tartares, les maris
sacrifient souvent la vie de leurs femmes au plus
léger soupçon d'infidélité; et il n'en fallait pas davantage à quelques chefs orientaux pour faire en-
terrer jusqu'au menton leurs femmes et leurs con-
cubines, qui mouraient dans une longue et douloureuse agonie. Lorsque le Grand Seigneur soupçonne
quelqu'une de ses femmes, il la fait coudre dans un
sac et jeter dans un canal. Chez les Germains, lorsque le mari surprenait sa femme en adultère, il
lui coupait les cheveux, la chassait toute nue hors
de sa maison, et la poursuivait à coups de fouet
dans les rues de la ville. Les Chinois, dont le sentiment d'honneur est moins vif, vendent flegma-
tiquement leurs épouses infidèles à des marchands
d'esclaves; dans la Louisiane, au Pégu, à Siam,
à Camboge, et dans la Cochinchine, l'adultère est
au contraire une distinction honorable. Les habitans offrent leurs épouses aux étrangers, et s'offensent
du refus de s'en servir, comme d'une insulte faite
aux charmes de leurs femmes.

Hérodote fait mention d'un peuple nommé *Gen-*

danes, dont les femmes faisaient gloire de leur im‑
pudicité. L'usage de leur pays les autorisait à ajou‑
ter un falbala ou bordure à leur vêtement, pour
chaque nouvel amant qui sacrifiait avec elle au
dieu de Cythère ; et celle qui portait le plus grand
nombre de ces bordures, était la plus enviée de
son sexe et la plus admirée du nôtre.

Si cet usage révolte à la fois et la raison et la
décence, au moins avait-il une sorte de conséquence
qu'on ne trouve pas dans la conduite des hommes
de ce siècle, qui emploient tous les genres de séduc‑
tion pour corrompre les femmes, en passant leur
vie à les calomnier.

FIN DU TOME TROISIÈME.

TABLE DES CHAPITRES.

PREMIER VOLUME.

NOTES.

DEUXIÈME VOLUME.

NOTES.

TROISIÈME VOLUME.

N O T E S.